民国大师的青涩年代

武 彬/著

当代世界出版社

图书在版编目（CIP）数据

民国大师的青涩年代 / 武彬著 . —北京：当代世界出版社，2014.8
ISBN 978-7-5090-0976-5

Ⅰ.①民… Ⅱ.①武… Ⅲ.①历史人物—生平事迹—中国—民国
Ⅳ.① K820.6

中国版本图书馆 CIP 数据核字 (2014) 第 097354 号

书　　名：民国大师的青涩年代
出版发行：当代世界出版社
地　　址：北京市复兴路 4 号 （100860）
网　　址：http://www.worldpress.com.cn
编务电话：（010）83908456
发行电话：（010）83908409
　　　　　（010）83908377
　　　　　（010）83908455
　　　　　（010）83908423（邮购）
　　　　　（010）83908410（传真）
经　　销：全国新华书店
印　　刷：北京市玖仁伟业印刷有限公司
开　　本：710 毫米 ×1000 毫米　1/16
印　　张：14
字　　数：205 千字
版　　次：2014 年 9 月第 1 版
印　　次：2014 年 9 月第 1 次
书　　号：978-7-5090-0976-5
定　　价：28.00 元

民国大师的青涩年代

目录

民国大师的青涩年代

目录

民国大师的青涩年代

民国大师的青涩年代

陈独秀

鲁 迅

钱锺书

林语堂

林徽因

胡 适

沈从文

张爱玲

徐志摩

第一章 鲁迅

横眉冷对千夫指

　　鲁迅先生是一个文学时代的代名词,不仅在文学的成就上令人尊崇,而且在革命运动中,他一直像一头孺子牛般出现在最需要他的地方,支持着无产阶级的伟大运动。每当后人提起他,都会想到他弃医从文的故事,以及他还有一个名字叫周树人。

　　鲁迅先生在我们的脑海里至今未远去,就像是他的一系列作品:《狂人日记》《呐喊》《朝花夕拾》《野草》等,那些文字像是余音绕梁不曾消失。

　　"俯首甘为孺子牛",鲁迅的才情是一种致命的伤,他的一生都被自己的才情所左右。谁曾想,一个日本留学回来的洋学生,会毅然选择用笔杆子书写社会的黑暗与美好,唤醒人们内心的觉悟。好在,他的努力没有白费,历史便是最好的见证。

从无忧少年到困顿青年

　　少年时期的鲁迅应该说是无忧无虑的,从他那些回忆童年的作品就能明显地看出这点。《从百草园到三味书屋》《少年闰土》《社戏》都是描写他那段时期的作品,讲述了他丰富而有趣的童年。但是有一点值得注意:这些作品大都包含着少年鲁迅对穷人的关注,这体现在他跟家里长工的接触中。或许是出于孩童时期那份淳朴的同情,或许是后来困苦的生活令他回首往事时下意识的想起,但是我相信,这些穷苦百姓的生活早就深深地烙印在了幼年鲁迅的脑海里，对后来他的思想产生巨大的影响。

浙江绍兴，是中国一个很有名的地方。第一，这里"盛产"师爷，绍兴师爷几乎是清代中国官场上的一个畅销品；第二，浙江气候温和，水利交通十分发达，早在宋朝就是出名的富庶之地。有钱，知识分子众多，鲁迅就出生在这里。他的祖父是晚清进士，曾任江西金溪县知事，后来官运一路亨通，去北京担任内阁中书，成了一名京官。而他的父亲虽然只是个秀才，但经商给他带来了丰厚的收入。

这一切都围绕着少年时的鲁迅，让他过着安静祥和的生活，加之鲁迅从小就聪明灵巧，大人们都称他为"胡羊尾巴"，夸赞他小而灵活。在他12岁那年，家里供他上了私塾——就是我们所熟知的"三味书屋"，跟从寿镜吾先生读书。在读书的时候，他顽皮却又好学。他在上课时偷偷描画，又惦记三味书屋庭院里的花鸟鱼虫；他读书不倦，迟到后十分悔恨，在课桌上刻下了那个著名的"早"字，令无数后世有志少年纷纷效仿。

由于他聪慧好学，在寿镜吾老师的学堂里自然是鹤立鸡群。有一次，寿镜吾老先生出了一副上联"独角兽"，让学生们对下联。学堂的学生们马上就活跃起来了，有的对出"九头鸟"，有的对出"三脚蟾"，唯有鲁迅一言不发，等课堂上安静下来后，他默默起身，对出了"比目鱼"。老师在一一评论了同学们后，称赞鲁迅对的最好，因为"独"非数字却有"一"的意思，而"比"也非数字却能表示两个同类间的关系。两者虽皆非数字却都有数量的含义，真是恰到好处。听了老师的解释，同学们都叹服不已。鲁迅虽年纪小，却语惊四座。

除了课堂上老师的传授，祖母所讲述的民间故事也对鲁迅产生了举足轻重的影响，那些动人的故事让他多年后仍念念不忘。周作人曾说："在乙未年（1896年）鲁迅已经15岁了，对童话还很是爱好，有一时期鲁迅早就寝而不即睡，招人共话，最普通的是说仙山。"那些生动有趣的故事极大丰富了鲁迅的想象力，这对于后辈的文学大师来说，是一种很好的创作方式。在故事中，鲁迅体味到了生命的美好，又从身边的大自然中感受到了生活的乐趣。对此时的鲁迅而言，这个世界充满了一种和谐的美丽。

　　然而在那个时代背景下不可能只有这些美好和谐的东西。当鲁迅将目光投向整个社会的时候，他发现了那些光鲜外表下掩盖着的东西，那些令他厌恶的东西。他面对的是一个苟延残喘的封建王朝，羸弱不堪，被外族凌辱却毫无反抗的能力和决心。他看到了科举、鸦片、养妾还有缠足，他看到了中国传统文化中最残酷的部分，这与他之前看到的美丽自然和美好和谐形成了强烈的对比。在之后的岁月里，他对现实有过悲观，有过愤怒，但却一直坚持着，用尽力量想要将这些邪恶摧毁。

　　1893 年，祖父因为科场作弊案被捕入狱，这件事给这个大家庭布上了一层阴霾，这是周氏家族无可避免地走向没落的转折点。在随后的避难生活中，鲁迅清醒地认识到了社会与人生的本来面目。这时的他，已经完全从百草园、三味书屋中走了出来，世界黑暗和肮脏的一面向他展露出了狰狞的面目，他不再衣食无忧、开心快乐，完全地处身于一个黑暗的人间地狱，愤怒却又带着一丝拯救的种子在他心灵深处萌发。

　　多年之后，成年鲁迅回忆起从前，字里行间充满着对世态炎凉的本能反感，和对那些阴暗人心的失望。他说："有谁从小康人家而坠入困顿的吗？我以为在这路途中，大概可以看见世人的真面目。"在这段时间，他看尽了人们的势利和麻木不仁，一潭死水般的生活似乎吞噬了他，要将其摧毁，年少的他只能在其中苦苦挣扎。

　　很快，另一个不幸也接踵而至——他的父亲病逝了，准确地来说，是经历了一段时间病魔的困扰后痛苦地去世的。这可以说是鲁迅人生中的又一个转折点，他后来在《父亲的病》一文中，充满痛苦地描述了他一次次出入当铺，当掉家里值钱的东西为父亲买药的经历，而某些中医的故弄玄虚与轻视生命也改变了他对中医的态度，在以后的岁月中我们可以看到，他对于中医大体上还是持否定的态度，在破除旧文化束缚这方面的努力从来就没有停止过。

　　这件事还带来了一个直接的影响，那就是后来鲁迅选择了学医，他对误人的庸医有着满腔的怒火，同时也想通过学医来医治像父亲那样的病人。这是他悲天悯人的一个想法，却不成熟，他觉得从体质上医治国民就可以达到"富国强民"中"强民"这个目的。

但不管怎样，生活还是要继续下去。由于鲁迅聪敏，18岁那年他前往南京考入了江南水师学堂，次年正月，改入江南陆师学堂附设路矿学院学习。在学校里，他对于功课并不温习，但是每每都能在考试中名列前茅。虽然他"既不开矿，也不造路，这些功课都已还了先生"，但那段时间的学习还是让他了解了一些普通科学知识，比如地质学与矿物学的知识，还有代数、几何、物理、化学这些基础学科。另外，严复当年翻译的赫胥黎的《天演论》，对鲁迅也有很大的影响，后来，他在东京学习日文后，"才懂得了达尔文的进化论"。

这些知识和他幼年时熟读的四书五经不同，使他冲破了中国旧文化的束缚，开始放眼看世界。晚年，他曾经这么说过：

> 我看中国书时，总觉得就沉静下去，与实人生隔开；读外国书——但除了印度——时，往往就与人生接触，想做点事。中国书虽有劝人入世的话，也多是僵尸的乐观；外国书即使是颓唐和厌世的，但却是活人的颓唐和厌世。我以为要少——或者竟不——看中国书，多看外国书。少看中国书，其结果不过不能作文而已。但现在青年最要紧的是"行"，不是"言"。只要是活人，不能作文算什么大不了的事。

这些话虽然有些偏激，但在当时的大背景下，无疑是正确的。开阔了眼界的鲁迅再也不甘龟缩在一潭死水的国内，决定出国学医。他人生的第一阶段已经永远地留在了国内，人生的新篇章即将开启，但也会有新的障碍横在他面前。但这一切都无关紧要，下一站——日本！

坎坷的日本留学路

在江南陆军学堂附属矿路学堂，鲁迅可以尽情接触"新学"，考试总是拿第一，这也使他看不上周围同学，四年下来也没有找到理想的群体与去处，到毕业时鲁迅想到了出国。拮据的家庭当然无法支付他出国的费用，在他最为困扰的时候，清廷出台了一个政策。此时的清廷也意识到了"新学"的重要性，于是每年都有公派出国留学的名额，这对鲁迅来说是个宝贵的机会。就这样，通过考试的他获得了公派留日的名额。

到东京后，鲁迅进入了弘文学院江南班。在这里，鲁迅读了许多文学书、哲学书，尤其喜欢拜伦、尼采，也是在弘文，鲁迅结识了他一生的朋友——许寿裳。在鲁迅一生相交的朋友中，许寿裳与他的关系最为密切，可谓"同声相应，同气相求"。许寿裳是鲁迅的同乡、同学和同事，比鲁迅小两岁的许寿裳与鲁迅相识相交长达35年。鲁迅与许寿裳的关系，不仅是乡情、同窗之谊，而且有着兄弟之情，被许广平叹为"求之古人，亦不多遇"。

许寿裳为人纯朴，忠厚老实。根据鲁迅回忆，在留学日本的时候，他跟许寿裳先生一起吃面包，许寿裳有些绅士派头，爱把面包皮撕掉，而鲁迅则平民化，舍不得，就把许寿裳撕掉的面包皮拣起来塞进嘴里吃掉，并说："我喜欢吃的。"许寿裳信以为真，此后，凡是在一起吃面包时，总是先把皮撕给鲁迅吃。

两人在江南班互相扶持，而且都是有着进步思想的新青年，都有着对中国底层人民的同情。有一次，两人聊起中国人的悲惨命运，竟都潸然泪下。或许是因为欣赏西方文学家、科学家的思想与精神，鲁迅常和许寿裳讨论什么是理想的人性，中国国民最缺乏的是什么，病因何在之类的问题。鲁迅除了看书、跑书店、与许寿裳进行思想交流以及给《浙江潮》写稿之外，就是与革命救国热情高昂的留学生群体一起活动，这也曾给他带来了自由与快乐。

然而，两年半后鲁迅觉得许多革命演讲不过是在哗众取宠，认为东京也是个无聊之地，因此于 1904 年 8 月去仙台学医了。正是"藤野先生"，使得鲁迅在仙台刻苦求学的同时，原本孤独的内心还保有一种留恋和温暖的情愫。

对于这位唯一的中国学生，藤野先生印象深刻："周君（指鲁迅）身材不高，脸圆圆的，看上去人很聪明。记得那时周君的身体不太好，脸色不是健康的血色。"而鲁迅对老师的描述也是栩栩如生："其时进来的是一个黑瘦的先生，八字须，戴着眼镜，挟着一叠大大小小的书。一将书放在讲台上，便用缓慢而很有顿挫的声调，向学生介绍自己道：'我就是叫作藤野严九郎的。'"

藤野小时曾学过汉学，所以很尊敬中国的先贤，同时也爱惜来自这个国家的人们。大概是因为这个缘故，藤野先生对来自中国的鲁迅特别照顾，不但邀请他到家中做客，还亲手为其修订讲义，把鲁迅漏记、记错的地方都添改过来，并用红笔细细地注明。

当时中日甲午战争结束没几年，一败涂地的"大清帝国"理所当然地遭到日本人的鄙视，而中国"女人裙下的小脚，男人脑后的辫子"更是成为他们茶余饭后的谈资。在这种背景下，藤野先生对鲁迅的照料自然引起了一些日本学生的憎恨和不满，他们甚至认为藤野故意向鲁迅泄露考试题目。对于此事，鲁迅在文章中愤怒地说："中国是弱国，所以中国人当然是低能儿，分数在 60 分以上，便不是自己的能力了。"正在这时，又发生了那个著名的幻灯片事件———鲁迅在日本同学的欢呼声中看见自己的同胞被当做俄国间谍枪毙，而旁边却站满了麻木的中国围观者。

"幻灯片事件"算得上是鲁迅人生中另一个重要的节点，这事件是他弃医从文的契机，他意识到，对于愚弱的国民，最需要的是改变他们的精神，而这不能凭医学，而是靠文艺。由此少年鲁迅对科学和文艺的爱好转到青年鲁迅对精神和文艺的思想探索，虽然后来在思想上有些变化，但对精神和文艺事业的坚守一直是他的主业，再没发生变化。1906年初夏，鲁迅告别了藤野先生，离开了仙台。临行前，藤野赠给鲁迅一张半身照片，背后写着"惜别藤野谨呈周君"几个汉字。

在日本期间，鲁迅结婚了。这对他来说并不是一个好消息，因为这段婚姻是由母亲一手包办的，而作为当事人的他之前毫不知情，然而他又不忍拒绝母亲的意愿，仍是同朱安完了婚。虽然鲁迅思想很进步，但对于婚姻却处理得很草率。

婚后，鲁迅没有按老规矩去祠堂，晚上，他独自睡进了书房。第三天，借口日本那边学业很忙，他就从家中出走，逃避这场不愉快的婚姻，重新去了日本。这场名存实亡的婚姻终究给双方带来了痛苦，难怪鲁迅在友人面前说："朱安是我母亲的太太，不是我的太太。这是母亲送给我的一件礼物，我只负有一种赡养的义务，爱情是我所不知道的。"仇视封建礼教却还没有反抗封建礼教的勇气，可以说此时的鲁迅还没在思想上发生深刻变化，因此也带给了朱安悲惨的一生。

他回东京时还带上了兄弟周作人，兄弟俩联络许寿裳、陈师曾筹办起了《新生》杂志。可是资金没有落实，陈师曾不久便散去，剩下的许寿裳和周氏兄弟又都"不名一文"，计划只得流产。

青年鲁迅的思想探索

青年鲁迅的文艺事业，主要集中在他离开仙台到东京从事文艺活动的时期，这一时期他主要是出版《新生》杂志和翻译《域外小说集》，还写了五篇文言论文《人之历史》《摩罗诗力说》《科学史教篇》《文化偏至论》和没写完的《破恶声论》。愚弱国民、精神和文艺三个方面叠合成为青年鲁迅思想探索的问题指向。以精神启蒙为理想目标，从科学进化论到文明形态论，最后落实在文艺的使命，这是他的思想探索过程和内容的三个组成部分，由此显现鲁迅青年时期思想的大致的体系，也是他大师之路的起点。

从鲁迅创立《新生》杂志起，他的思想便一点一点的发生改变。鲁迅在南京所学习的方向主要是西方的自然科学，之后在路矿学堂学习也更加坚定了他对西方科学的认识。鲁迅父亲的死对他有着深远的影响，促使他去日本学医，进而有了弃医从文的经历。著名的"幻灯片事件"便是鲁迅思想的一个转变，他认为中国的国民最缺乏的是民族精神，仅仅依靠医学来治疗人的疾病是远远不够的。因而鲁迅的思想开始从对科学的坚持转变到对人文主义的崇尚，这种认识在此之后再没有发生过任何变化。

鲁迅在随后的文学作品中反复提及"思想革命"一词，新思想的形成常常伴随着对过往事情的回顾。他从小就对西方科学有着独特的感情，在求学期间也深受达尔文的进化论影响。在他的《人之历史》和《科学史教篇》中也都有着明确的体现，他反复思考两个问题：所谓的自然科学最新认识是怎样的？什么又是自然科学呢？

鲁迅在中年时期的作品中也都透露着种种思想探索，《狂人日记》中鲁迅用"狂人"来揭露人吃人的现象，希望每个人都能够成为真正的人，然而周围的人却把他当做疯子。夏瑜为革命而牺牲，茶客们反而说他"疯了"；华老栓更是用他的血来治自己儿子的病；魏连殳关心中国社会，社会却来迫害他，到他不再关心中国社会时，周围的人却来巴结他。鲁迅的诸多作品中都描写了众多努力奋斗的具有革命精神的人物，但在那个黑暗的时代里，等待他们的结果只有不幸。

鲁迅的文学作品总是富含反抗精神和强烈的批判性，他对中国的民族文化有着独特的见解和思考。同时，他的文章也时刻透露出浓郁的乡土气息。从他的文章中总是能够读到许多独特的地域特色和方言：社戏、茴香豆、银项圈……这些都是南方特有的文化，在《阿Q正传》中，阿Q对小尼姑说的"我要和你困觉"、《故乡》里所描写的"水生却松松爽爽同他一路出

民国大师的青涩年代

第一章 鲁迅
横眉冷对千夫指

去了"等等，也都伴随着浓郁的方言气息。

与生长在浙西的茅盾、朱自清等人不同，浙东出生的鲁迅，文章中呈现着坚韧、务实和尖锐的艺术风格。这些生长在浙西的作家，文笔常常忧郁、轻灵，透露着浪漫的情怀。鲁迅的文章总是竭尽所能来展示自己的故土，将身边人民的性格刻画得入木三分。同时，他也以自然科学为思想，深入挖掘封建社会中底层民众的愚昧和无知，对整个社会进行深入的思考。

然而鲁迅先生并没有将创作的视野仅仅局限在对地方风俗的剖析。他能以小见大，将整个国民的心态与自己所生长的环境相结合，挖掘出底层人民心理与意识的不和谐，从而将文章升华为对人性的思考。

1918 年，37 岁的鲁迅在新青年发表小说《狂人日记》，自此之后他才为人所知。

结语

如果人生的终结一定要有一个固定标志的话，那便是离开人世间。

臧克家写道："有的人活着，他已经死了；有的人死了，他还活着。"

1936 年 10 月 19 日，伟大的鲁迅先生因肺结核在上海逝世。上海数万名民众自发举行公祭、游行。这个文学巨擘受到了民众应有的拥护和爱戴，这也是对他一生努力的认可和肯定。所以，鲁迅还活着，精神的存在已经占据了时光的高地，它将获得永恒、永生！

无论是他真正用医术救死扶伤的样子，还是他用文字点醒处在混沌中中国人的做法，他都用行动和思想告诉我们，生命不在乎活得多久，而在乎活得是否有价值。

民
国
大
师
的
青
涩
年
代

陈独秀

鲁迅

钱锺书

林语堂

林徽因

胡适

沈从文

张爱玲

徐志摩

最浓厚的人生行者

　　周作人绝对算得上是一个语言大师，他精通日语、希腊语、英语，并自学古英语、梵语、俄语、世界语，是不可多得的语言天才。不仅如此，他一生研究日本文化，将日本文化中的理念与中国文化巧妙地融合在一起，形成独特的自我风格。他的文章，字里行间洋溢着无尽的"苦"之美。将内心的辛辣、忧愁、欢喜与悲伤努力地隐藏起来，表现出来的是淡泊平和的美感。初读他的散文感觉是淡淡的，内心的冲击深深地藏在文字的背后。可就是这股看似寡味的语言，却带着淡雅的清香，紧紧地抓住读者的心弦。

　　周作人是鲁迅的弟弟，这件事早已人尽皆知，但他怎能料到自己的后半生竟然是在研究自己的哥哥？建国后，他把精力用在研究鲁迅上，想为所有人呈现一个真实的鲁迅。

自由宽懈的日子

　　每个人的故事都是不同的。

　　1885 年 1 月 16 日，周作人出生于浙江绍兴一户破落的官宦之家。周氏家族曾在清朝的乾隆年间鼎盛一时，拥有当铺十余所，良田上万亩，富甲一方。后代随着家族的壮大，人丁颇旺，分支众多，且族人都过着奢侈生活。渐渐地这个家族逐步衰落，到了周作人这一代，家中余有水田数十亩，在绍兴城中算得上是中等人家。

待周作人长至少年，祖父的入狱与父亲的去世，给这个家庭带来毁灭性的打击。父亲去世时，周作人还是个懵懂的无知少年。突然的变故给这个家庭笼罩上了浓郁的悲剧色彩，兄弟们过早地品尝到了世态炎凉。

家中长子鲁迅只比周作人年长4岁。幸好有鲁迅撑着家中的一切，周作人才不至于有什么太大的压力。

周作人打小体质就不大好，四五岁时生过天花，肠胃也不大好，天气略略变化就会生病。全家人都对他非常呵护，照顾得很是小心。他也很听话，从不调皮地到处乱跑，即使偶尔跟着大人或者长兄鲁迅出去玩，也是静静地站在一边，从小就显露出胆小温顺的个性，不像大哥鲁迅，打小就顽皮好动，性格倔强。

由于身为长子，鲁迅一向对弟弟相当疼爱。周作人很乐意跟在大哥的身后行动，听凭大哥主张与吩咐，心安理得地享受大哥的照顾。

家中良好的书香氛围给童年的周作人带来了一些文化气息。由于家族的没落而体会到的世态炎凉，使得原本性格温顺的他逐渐养成了敏感多虑的性格特征。后来他远赴日本，被日本那种隐逸伤感的文化所吸引就不足为奇了。

成年后的周作人回忆：童年时的生活虽然平淡无奇，但是因为祖父行贿舞弊而入狱，家族就开始败落，加上父亲因病去世，这些意外事件使他的性格发生了巨大的改变。

祖父入狱那年，周作人刚满9岁。

9岁之前，周作人师从的都是本家先生，读的是最基础的四书五经一类的书籍。实际上，打周作人一出生，就饱受中国传统文化的熏陶。但从几位本家先生身上，并未学到什么文化知识。他曾两次赶考，均落了榜。有一次，自行前去看榜，见自己前一号的人被录取，他却榜上无名，顿时大怒。回到家里，家人盘问结果，他默而不语。家人正觉诧异，不料，他一转身将院子里的一株长得不高的桂花树狠命拔掉，令家人大吃一惊。

到了11岁，周作人进了绍兴府寿先生开办的三味书屋，正式学习汉学。

寿先生为绍兴府知名的教书先生，教授得颇为认真。周作人向来乖巧温顺，从来不违反私塾的规矩。所以，在书屋读了三年，他从来没有挨过打也没被罚过跪。

从周作人少年时的日记中，可以看出他的行文仍为古文。这与他自小接受严格的私塾教育是密不可分的。

周作人作为家中的次子，所承受的压力远远比不上大哥鲁迅。所以，少年时的他有更多的闲情雅致游荡玩耍。

父亲去世后，家中一直由兄长鲁迅操持。后来鲁迅去了南京的江南水师学堂上学，家中的大事便由周作人来担当。他很头痛这些俗事，烦闷之余，整日在街头闲逛。据他后来说，那会儿的自己"几乎成了小流氓"，没事就与人称阿九的"破脚骨"（绍兴语，意为无赖）到处溜达。

1901 年，少年的周作人跟随大哥鲁迅的步伐来到了南京的江南水师学堂。

当时的江南水师学堂是持有旧思想的大户人家所不齿的，他们嫌那里的教育方式太过粗鲁，自家子弟考入这样的学校等于"当兵"。而周作人称那时的生活非常不错，免费住宿，还有公费供给，住宿条件也很好。晚饭后，与数名要好同学买上几两黄酒与牛肉、花生米，就着煤油灯小酌，读读进步报刊，讨论一下国家大事，实在是悠哉快哉。之后，周作人曾纪录在江南水师学堂的这段日子，称之为"自由宽懈的日子"。

这样"自由宽懈的日子"是最适合周作人的性情。他曾详细地描述过这一段时期的生活。

在江南水师学堂时，一周有 5 天英文课，所使用的专业书也是英文版的。在这期间，周作人的英文水平得到飞速的进步，进而可以直接阅读英文原版书籍。

周作人曾经谈到这段生活时说："在南京的学堂里 5 年，到底学到了什么呢？除了一点普通的科学知识外，没有什么别的东西。但是也有些好处，第一是学了一种外国语，第二是把国学弄通了，可以随便写点东西，也开始做起旧诗来。"

青年时代的周作人，显然深受大哥鲁迅的影响，思想也很激进。在"五四"和新文化运动时期，他曾是《新青年》的主要撰稿人，写过不少先进言论的文章。在日本留学期间，他开始翻译一些文学作品。

周作人与李大钊关系甚好。他曾在回忆中说，那时他与李大钊同在红楼上课，下课一有时间就去找李大钊。当时同在《新青年》一起写文章的，除二三个人之外，别人都不常碰面。大家都很忙，只有李大钊有些时间，并且最无架子，感觉可亲，所以经常找他聊天，谈谈闲话。

1906年，周作人考取了公费留学日本。当时的他，年满21岁。

在日本，所有的事务全由大哥鲁迅负责，周作人一心一意做学问。先是补习了日语，后入东京立教大学学习希腊文，课余常去神学院学福音书的希腊原文。他还找空闲时间学习了俄文和梵文。

在日本，他与鲁迅首次合作翻译出版了《域外小说集》。

青年时期，刚到日本的周作人，对日本的一切都感到好奇和新鲜。自然印象是相当好，他曾经说日本"爱好天然，崇尚简素"，这显然和他一向的思想十分一致。他曾将日本称为"第二故乡"，可知日本在他心目中的地位。留学期间，周作人大量阅读了日本的文学作品，包括诗歌、小说等著作，如鱼得水般地畅游在知识的海洋里，贪婪地吮吸着日本文化的精髓。

周作人爱好饮食，他的作品里经常谈到食物，例如《故乡的野菜》《北京的茶食》《喝茶》《知堂谈吃》《谈酒》等。

周作人还爱好饮茶。在其著的《喝茶》一文中，他这样描述道："喝茶当于瓦屋纸窗之下，清泉绿茶，用素雅的陶瓷茶具，同二三人共饮，得半日之闲，可抵十年的尘梦。"在周作人的笔下，喝茶是如此雅致之事。

在日本期间，他最爱饮用日本的麦酒，也就是现在的啤酒。中国最早喝啤酒的人，无从查找，可若说现代史上记载中国喝啤酒的第一人，大概便是周作人。只是，待回国之后，他想要喝到啤酒实乃难事。但只要他见到哪里卖啤酒，当即买来饮用。虽然他也常喝老白干、黄酒之类的酒，但是最爱的始终为啤酒。

民国时期著名出版人陶亢德曾拿酒评价过周氏兄弟二人，"鲁迅是不加其他饮料的原本威士忌，而知堂翁则是加了点荷兰水的威士忌而已。"

花牌楼里的岁月

1897年，周作人前往杭州陪侍尚在狱中的祖父，与祖父的侍妾宋姨太太一同住在花牌楼。

周作人在成年之后写的《初恋》，便用简单恬淡的笔法陈述了这段时期的生活。所谓的初恋对象，不过是那个名为杨三的普通姑娘。

祖父的家教在当时看来很是前卫，他并不禁止家中孩子看小说，反而很鼓励。因为祖父觉得看些闲书可以开阔人的思路。为此，周作人年幼时读过不少小说，从《儒林外史》到《聊斋志异》，再从《三国演义》到《西游记》，甚至是《阅微草堂笔记》等等各类书籍，毫不限制。阅读这些小说，让周作人掌握了非常丰富的中国传统文化知识，加上后来留学时深受日本文化的影响，而使得周作人将中日文化紧密而自然的融合在一起，形成了鲜明的自我风格特征。

住在杭州的这段日子，周作人十分的孤独。可能正是这样的生活，造就了他成年后冷漠孤傲的个性。

据说，当时不知怎的花牌楼里有许多的臭虫。每天都被臭虫咬，真是又痛又痒，难受极了。半夜被臭虫咬醒了，周作人就趴在床上找。他将一盆凉水放在房间的正当中，每抓住一只臭虫，就将它丢在盆里。不一会儿，盆里浮满了黑色虫子的尸体。

除了深受其害的臭虫，周作人对那时的饮食印象也极为深刻。

因为正值长身体，那一点点的饭根本不够吃。每次吃光了碗里的饭，肚子还是半饱。可除了每日下午有一份糕干之外，再无任何点心可吃。

之后，周作人写了《知堂回想录上·十五·花牌楼上》，书里回忆这段日子："没有别的办法，我就来偷冷饭吃，独自到灶头，从挂着的饭篮内拣大块的饭直往嘴里送，这淡饭的滋味简直无物可比，可以说是一生吃过的东西里的最美味吧。"

由此可见，当时的他有多么的饥饿。

悄悄地偷过数次冷饭，终于被宋姨太太发现。她装作什么都不知道，故意对仆人说："这也是奇怪的，怎么饭篮挂在空中，猫儿会偷吃了去呢？"

就这句话，引起正值反叛年纪的周作人的反感。她越是这么说，他越是要偷着吃。

倒是仆人宋妈对周作人很好，知道他吃不饱，经常拿自己做的"六谷糊"给他吃。所谓"六谷糊"就是用玉米面和红薯面混合在一起做的。虽然是乡下人吃的粗粮，可周作人吃得十分香甜，连白冷饭都能吃得津津有味，"六谷糊"自然更有其美味。

宋姨太太喜欢京剧，闲着发闷，不知从哪里寻来一本《二进宫》的戏本。她并不会写字，便要周作人帮她手抄一本。周作人倒也听话，老老实实地给她抄。

要说起来，宋姨太太的身上颇有悲剧色彩。那年她才 30 岁，带着一个别人的孙子住在杭州，陪侍着牢狱中的老头，不知哪年是个头。

那时周作人每日与妇女生活在一起，接触颇多。身边的宋姨太太和宋妈，还有绍兴老家的亲祖母，父亲的继母蒋氏等等，都是他同情的对象。这些女性给童年的周作人留下了深刻的印象，也使得他在成年后对妇女的遭遇相当关注。

在花牌楼居住的日子过得十分缓慢。周作人每日就是读读书、写写字，十分平淡无味。唯一给他留下深刻印象的就是《初恋》里的杨家三姑娘。而在周作人的描写里，这个初恋姑娘给他留下的印象竟然全无，根本不记得她的长相了。

晚年时，周作人又提起过花牌楼，"我与花牌楼作别，已经有 60 多年了。

可是我一直没有忘记那地方……"

花牌楼究竟有什么值得周作人难以忘怀之处呢？在花牌楼的岁月为他的文学成就埋下伏笔。若没有那段岁月对生活的体验，可能周作人难以实现后来的文学成就。

新文化史上的重要人物

在"五四"新文化运动中，作为当时的文化先锋，周作人的个性是十分的低调，其文章淡泊而平和。而他所表达的思想十分深刻，意义深远，所蕴含的意境更加高深。

1918年12月，周作人发表在《新青年》上的《人的文学》，将文学的意义上升到新的高度。此后的一生，他也是这么做的，用自己的身体谱写着"人的文学"。

周作人在文学理论上不断地探索，尤其是在现代散文上，创作之路尤为宽阔。

1921年6月8日，周作人在《晨报》上发表《美文》。这篇文章是中国现代文学史上第一篇散文理论，具有跨时代的意义。

他曾在《美文》里说："有许多思想，既不能作为小说，又不适于作诗，便可以用论文去表它。它的条件，同一切文学作品一样，只是真实简明便好。"

他还说，中国的美文要吸取西方关于散文的概念，美文可以是分为两类的，一类是抒情，一类是叙事，也可以两者夹杂。他着重提倡文艺性的叙事抒情散文。

这篇文章对中国现代散文的发展起到了积极的作用。在此之前，现代散文主要以抒情为主，称之为"美文"，如冰心的《往事》、朱自清的《绿》《荷塘月色》等。

作为朋友与知己的胡适，在1922年曾说："周作人等提倡的'小品散文'，这一类的小品，用平淡的谈话，包藏着深刻的意味。有时很像笨拙，其实却是滑稽。这一类作品的成功，可以打破'美文不能用白话文'的迷信了。"

在提出"美文"的概念之后，周作人便开始在散文上做出了尝试。比如《故乡的野菜》《谈酒》《乌篷船》等等，都是属于叙事类的抒情散文。在看似平淡、娓娓道来的叙述中，流露出优美雅致的风味，同时非常注意适度的含蓄。他以含蓄为美，含而不露，引而不发，视为散文艺术的一种美感。

因为周作人的散文有着独特的个人风格，有后人将周作人的散文称为"言志派"，或者"周氏散文"。

周作人对现代文学的贡献是巨大的，可谓是现代文学殿堂中的一名大师级人物。

爱情与文化的结合

周作人的妻子羽太信子，只是一名普通的日本妇女，因为嫁给了有名的才子周作人而为人们所熟知。羽太信子与周作人所处的年代经历了日本侵略中国的时期，因而战争为这段普通的跨国婚姻增添了异样的色彩。

在日本东京留学期间，周作人与鲁迅住在一起。当时，他们与其他人一起租住了一套房子。因无人打扫，便请房东介绍了一位女性前来做家务。这位女子即是羽太信子。

即便是28岁的如花年华，羽太信子也称不上美丽。她的个头中等，身材丰满，圆脸，小眼睛，干起活来动作麻利，性格开朗活泼。因常在各种人家打工，见过的陌生人多，所以与数位外国男子接触时，她一点儿也不

紧张，举止大方，爱说爱笑。

周作人正值青春年华，对异性充满了好奇。之前，他极少与女子有过近距离的接触。因此一遇到开朗活泼的羽太信子，便被她的个性所吸引。他的性格内向，见到异性尚未说话，先自脸红。见惯了人的羽太信子便觉得这个中国来的青年人很有意思。两人渐渐熟络了起来。

那会儿，在日本的中国留学生之中，有不少人娶了当地的日本女人。日本文化本就深受中国文化的影响，与中国文化十分近似。日本女人对中国男人并不讨厌。况且漂洋过海的中国留学生们的家境几乎都称得上不错，从实际考虑，日本女人能嫁给中国留学生是个不错的选择。

周作人从小习惯于受人照顾，事事依赖家人。虽然身边有大哥照顾，但仍然有种深深的孤独感。他不好意思和学校里的女学生搭讪，回到家中，偶尔与羽太信子聊上几句，便脸红心跳。他越是这样，羽太信子越是觉得有趣，愿意和他聊天。

羽太信子经常带些家乡的小食品与周作人品尝，为他打扫房间时，格外得认真细致。时间久了，周作人习惯了对羽太信子的依靠，两人的关系就越来越亲近。

实际上，周作人之所以选择日本女人作妻子，与他的性格有很大关系。他温顺内敛的个性，不可能与学校里思想前卫的女子多加接触，所以才会与每日相见的侍女羽太信子产生了感情。

待火热的恋爱期褪去，两人结成夫妻之后，性格的差异由此显现。一个火爆，一个温和；一个外向，一个内敛；一个几乎字都认不全，另一个是文化大家。虽性格互补，但各种差异导致的不和谐也是存在的。幸好周作人向来隐忍，夫妻之间倒未发生过特别大的矛盾。

倒是火爆脾气的鲁迅，与弟媳相处不来。终于有一天，在北京的八道湾发生彻底的决裂，鲁迅搬离了兄弟共处的宅院。

过往的评价，大概是出于对鲁迅先生名誉的维护，和对周作人先生行为的辩白，将羽太信子描绘成一位举止泼辣、花费奢华无度的女人。

世人多是把鲁迅与周作人的矛盾统统怪罪到羽太信子的身上，而实际未必如此。若是透过表面看本质，羽太信子的所有行为是与丈夫周作人密切相关的。

周作人的思想非常单纯，一生的成就主要呈现在学术上面。尤其是散文，在现代文学中有着深远的影响。之后主攻翻译，又留下了大量的著作。

他几乎将所有的心思全放在了做学问上，加上从小对兄长依赖惯了，所以从来不理家务事。据鲁迅说，住在北京的八道湾时，家中院子里的杏花开了，周作人无数次从树下走过，竟然毫不知晓。鲁迅感慨道："像周作人时常在孩子大哭于旁而能无动于衷依然看书的本领，我无论如何是做不到的！"

周作人对日本文化乃至日本的迷恋，在妻子羽太信子身上可见一般。无论外界如何评论羽太信子，即便是为此与兄长鲁迅断交，也再所不辞。他与羽太信子从相识到结合直至终老，共相处了54年。

这54年中，经历过起起伏伏，有过富贵也有过贫穷，有过平安也有过磨难。在人们的舆论一致指责羽太信子的时候，很多人没有注意到，当日本投降之后，周作人被当时的政府关进监狱，羽太信子默默地守候着，毫无怨言地独自带大几个子女。一直到1949年，周作人出狱。

早些年，周作人和刘半农等人结为"三不会"。"三不会"的意思为不会嫖、不会赌、不会纳妾。

周作人向来尊重妇女，主张给予妇女合适的地位，给予尊重。他提倡一个人首先要自爱，强调个性的解放和发展，尊重他人独立的思想。

正因为出于对妇女的尊重，他在妻子羽太信子身上表现出相当的宽容。羽太信子在家庭中的跋扈，完全源于周作人无形的纵容。

受日本文化的影响，羽太信子是个十分合格的家庭主妇。她从不让周作人做家务，所有的家务完全是羽太信子一人完成。与兄长鲁迅的关系破裂，

众人皆完全怪罪于周作人的妻子，实际上，周作人的一生在羽太信子的照顾下生活得很好。

周作人从小就是缺乏独立的人，在与兄长鲁迅关系决裂之后，完全依赖于羽太信子。日本侵略中国之际，因为害怕，羽太信子曾把"周府"的牌子摘下，换为"羽太府"，还将家人从日本接来，与他们一家生活在一起。这些事件都被鲁迅嗤之以鼻，他甚至说八道湾只余下一个中国人，称之为"昏人"。

可周作人真的并不在意。在他的眼里，日本也是自己的故乡。他对羽太信子的顺从，除了有尊重的成分之外，更多的是年少时就在性格中频现的道家及田园派风格的因素。

我们有理由相信，周作人与羽太信子之间的感情，是外人所无法获知的。如果说前半生的周作人是由兄长鲁迅殷殷教导和扶持，后半生的他则是在妻子羽太信子的照顾下获得幸福的。他可以没有兄长，却不能没有妻子。只有妻子能理解和尊重他对日本文化的深厚感情。

不管世人如何评价羽太信子对待周作人的跋扈与霸道，他们之间的感情，只有彼此知晓。也许，周作人温顺恬淡的性格，正需要羽太信子热烈奔放的性格来调和，或许这就是他们能够相处一生的缘由。

结语

凡是杰出的人，他们身上无一不具有出色的成就以及独特的人格魅力，最后都被后人津津乐道。

然而，少年以及青年时期的周作人就是个特例，不论在文化知识方面，还是在性格方面，都与世人显得格格不入。不过兴趣是最好的老师，当他喜欢上外语后，他开始刻苦钻研，阅读了大量的书籍，并且努力地学习了英文、日文、古希腊文，还有俄文、梵文和世界语，其勤奋是令人十分佩服的。"自古英雄出少年"，任何一位在某项领域有所成就的大师，几乎在少年时就表现出某种非凡的特征，那就是：勤奋。

民国大师的青涩年代

陈独秀

鲁迅

钱锺书

林语堂

林徽因

胡适

沈从文

张爱玲

徐志摩

第三章 林徽因

左手芳华爱恋，

右手建筑美学

　　林徽因绝对是个让众多人倾心侧目的女性，无论是集中国著名女建筑师、诗人、作家、人民英雄纪念碑和中华人民共和国国徽设计组成员于一身的多种身份，还是满腹才情光环笼罩的身影，抑或是她俏丽清雅的容颜，无不令人由衷地感叹，实不愧胡适先生"中国一代才女"的美誉。

才情少女多寂寥

　　1904 年 6 月 10 日，林徽因出生在浙江杭州的一个书香世家。因是家中长孙女，祖父林孝恂对其寄予厚望，特于《诗经·大雅》中取象征美誉与美德的"徽音"二字为名，而她的一生似乎也是对此完美的践行。

　　林徽因的父亲林长民是民国政坛上叱咤风云的倜傥人士，且很有文学功底，是个颇具文艺气质的人，他对林徽因的影响很大。文学上的启蒙固不可少，但感情上的伤害亦是有的。

　　父亲如此优秀，母亲何雪媛却着实是个很平凡的妇人。她是林长民的第二任妻子，在生下长女林徽因后，又生了一男一女，却相继夭折。在那个封建思想还未完全散去，仍是"母凭子贵"的年代里，这引起了祖父林孝恂的不满。出于子嗣方面的考虑，林长民后来又娶上海女子程桂林为妾，程氏亦无什么文化，只是性情乖巧，又一连生了几个儿子，颇得林长民的宠爱。自然另一方面也就冷落了林徽因的生母何氏，何氏长期幽居在冷僻的后院，过着与丈夫分居的孤单生活，脾气越来越坏。

幼小的林徽因随母居住在后院的小房子里，静静地等待着父亲的到来。可是，父亲常年的缺席，让她感到悲伤和寂寞。

往事成风，若干年后，梁从诫回忆他的母亲林徽因："她爱父亲，却恨他对自己母亲的无情；她爱自己的母亲，却又恨她不争气；她以长姊真挚的感情，爱着几个异母的弟妹，然而，那个半封建家庭中扭曲了的人际关系却在精神上深深地伤害过她。"这种说法不无道理。虽然最终，林徽因还是凭借自己的聪慧赢得了林长民的喜爱，但纵使这样，当她在受到父辈们夸奖、称赞后回到被遗忘冷落的后院，面对几乎被遗弃的母亲的凄凉景况，我想她必得拿出十万分的勇气和坚强，努力学习、努力生活才行吧。

林徽因好友费慰梅曾描述那时林徽因的情状："她的早熟可能使家中的亲戚把她当成一个成人，而因此骗走了她的童年。"林徽因有童年么？或许有，但过得太快又有的太少。许是少年时代品味够了冷清和寂寥，所以在能自主的青年时代，她才如此地喜爱群体活动，如此地热爱举办沙龙。

在这种对父亲的期盼中，不知不觉的，林徽因长到了 16 岁，这一年成为了她人生轨迹的分水岭。

1920 年春，林长民赴欧洲考察西方宪制，特意携林徽因同行，旅居伦敦一年半。而这次远行，也可以说是开启了她新的人生历程，也是这段经历，让她无论在学问上还是情感上都有了一次巨大的成长，林徽因从此告别了她的少女时代。

林长民是一个爱交朋友的人，即便到了欧洲，都会有一些中国同胞、华侨以及外国友人来与他茶话闲聊。母亲不在身边，林徽因此时就扮演了一些母亲的角色，端茶倒水，偶尔与父亲的朋友交谈几句。那时的林徽因就开始接触一些名人：威尔斯、哈代、曼斯菲尔德以及旅居欧洲的张奚若、陈西滢、金岳霖……林徽因并没有怯场，相反在一次次地与这些文艺人接触的时候，她认真学习、虚心求教，反倒能听得懂他们的对话，甚至无障碍地沟通起来。

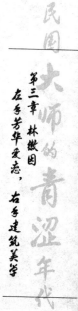

说来也巧，他们在欧洲暂住的房子，主人是一位女建筑师。女建筑师家里总会摆设一些稀奇古怪的建筑模型、各式各样的钱币等等，这让林徽因在好奇之余，诱发了对建筑的兴趣，这些神奇的建筑物，甚至让她痴迷。在与女房东慢慢地接触后，她发觉自己深深地迷恋上了建筑美学。

英伦是个充满魅力的地方，悠久的历史文化，整洁的街道，碧蓝的天空，还有和大师们畅快的精神交流，这样的日子无疑是快乐的，但出门在外的寂寞也不可避免。父亲林长民毕竟有公务在身，常常要去欧洲大陆开会，林徽因只好从早到晚孤单地打发漫长的24时。

后来她回忆那时的情景："我独自坐在一间硕大的书房里看雨，那是英国的不断的雨。我爸爸到瑞士国联开会去，我能在楼上嗅到顶下层楼下的厨房里炸牛腰子同洋咸肉。到晚上又是在硕大的饭厅里（点着一盏顶暗的灯）独自坐着（垂着两条不着地的腿同刚刚垂肩的发辫），一个人吃饭，一面咬着手指头哭——闷到实在不能不哭！"

直至认识了风趣的徐志摩，寂寞的时光少了，而林徽因却未能如旁人所盼与徐志摩终成眷属。但才子佳人能够相遇，已然是人间一道美景。可是，若人生只如初见，那该多好。

梁上君子，林下美人

林徽因与梁思成订婚时，金岳霖曾题"梁上君子，林下美人"的对联赠与他们夫妇，真是贴切天成，而《林徽因传》里也有一个比喻形容他们夫妇情深："如果用梁思成和林徽因终生痴迷的古建筑来比喻他俩的组合，那么，梁思成就是坚实的基础和梁柱，是宏大的结构和支撑；而林徽因则是那灵动的飞檐，精致的雕刻，镂空的门窗和美丽的阑额。他们是一个厚重坚实，一个轻盈灵动。他们的组合无可替代。"

他们常被人形容为佳偶天成、珠联璧合，他们的婚姻也常被世人艳羡，被当做典范。但是，殊不知这一段完美的感情并非得来容易。这段婚事，从被提起到最终完婚，差不多历时 10 年，其间的曲折自然不少，只不过对他们而言，这一路虽漫长，却不苦涩。

一段幸福的婚姻需要得到父母的祝福。事实上，梁启超很早就有让林徽因做自己长子梁思成妻子的打算，而梁、林两家无论从门户、地位、学识还是其他方面来看，都非常匹配，以至于当林徽因和父亲林长民从欧洲回来时，梁启超似乎就有意将二人的婚姻提上日程。梁启超十分满意这门婚事，曾经专门写信给大女儿梁思顺，自豪之情与喜悦之情溢于言表："老夫眼力不错吧？"可是，如此晶莹剔透的才女亦要经历浊浊人世的淘洗，无奈她未来的婆婆李蕙仙并不喜欢她，很是反对林徽因嫁入梁家。这么好的儿媳，她为什么会拒绝呢？有人说是出色女子对更出色女子的本能的嫉妒，实则不然。真正缘由应该是与两个女子家庭背景有着极大关系，李蕙仙是顺天府尹李朝仪之女，清末著名维新派大臣、礼部尚书李端棻之堂妹，受到的是完整、系统的封建礼教的教育与熏陶。因此，她心中更喜欢那种大家闺秀，林徽因虽然也是生于大族家庭，可是她到处结交各种人士，出尽风头，显得过于张扬。而梁思成看起来却安分许多，甚至近乎木讷，所以李蕙仙有很多担心，甚至直接写信给梁思顺表明担心和态度。

这下梁启超开始为难了，这个结发妻子与自己一起经历了清末民初政坛、文坛的惊涛骇浪，她总是给他安慰和鼓励，助他施展才华，替他抄录文章，做他的文章的第一位读者。甚至后来李蕙仙病逝后，梁启超还写下了一篇情文并茂的《祭梁夫人文》纪念夫人，可见夫人在他心目中的地位。因此出于对妻子的敬重，只能好言劝说，可是却无法改变李蕙仙反对儿媳的态度。而对于梁启超，没有母亲祝福的婚姻是不幸的，母亲不认可的婚姻是棘手的，于是这件事暂时陷入僵局。

1923 年 5 月 7 日，事情又有了进一步发展。这天，梁思成骑车上街参加游行示威，不幸被汽车撞倒，住进医院，绷带一直缠到腰间。林徽因不避嫌疑，衣不解带地在病床前照顾他，安慰他，还帮他翻身擦汗，无微不至的关怀，让他们两人的心走得更近，也让看在眼里的梁启超甚感欣慰。

与此同时，梁思成和徐志摩之间也发生了这样一件小事，由于车祸的原因，梁思成左脚略有些跛，而徐志摩对林徽因的追求又传得沸沸扬扬。尽管梁思成和林徽因的感情日益笃定，但他也感到了很多压力，以至于觉得无法承受，打算放弃林徽因。

这时徐志摩却突然很诚恳地对他说了一番话："你不能放弃，因为徽徽要你；你不能放弃，因为我也从未放弃！"无论后人怎么诟病徐志摩的感情史，赤诚如婴孩的谦谦公子徐志摩如此大方地表达了自己的感情，也同时成全了林徽因与梁思成的此生姻缘。

次年，梁思成和林徽因的婚姻也发生了转机，1924 年 9 月 13 日，李蕙仙病逝于北京，横亘在他们之间的最大阻力没有了。他们结婚的唯一的阻力就只剩梁思成的大姐梁思顺了，因为大姐受母亲影响，之前一直与母亲站在同一立场，反对这门婚事。

于是梁启超果断出击，迅速说服了她，而林徽因也通过沟通努力让大姐改变了对她的看法。在不断的接触中，大姐也发现了林徽因的优点，此事圆满解决。他们才终结连理。

1928 年，林徽因与梁思成位于在渥太华的梁思成姐夫任总领事的中国总领事馆举行婚礼。他们的婚礼在加拿大引起巨大反响，曝光率极高，重要原因不仅是金岳霖所说的"梁上君子，林下美人"的郎才女貌珠联璧合的故事，还因林徽因自己设计的婚礼服饰，尤其是东方韵味的头饰震惊世人。遵从媒妁之言、父母之命，又带着西式风格，具有中西合璧的特色，林徽因和梁思成的结合在当时可以说是新旧相兼、郎才女貌、门第相当。

新婚之夜，梁思成问她："这个问题我只问一遍，以后再也不提，为什么你选择的人是我？"

林徽因说："这个问题我要用一生来回答，准备好听我回答了吗？"

婚后梁思成对林徽因呵护备至，而最明显的表现是梁思成坚持每天为林徽因做早餐。

谈起林徽因的人生，必是绕不过金岳霖的。林徽因何其幸运，不仅拥有一份完美的爱情，更拥有来自另一个男子真情实意、无欲无求的友情，多么难得。她本身是那么优秀，那么璀璨，以至于让周围的人忍不住去仰望她。就像梁思成说："林徽因是个很特别的人，她的才华是多方面的。不管是文学、艺术、建筑乃至哲学，她都有很深的修养。她能作为一个严谨的科学工作者，和我一同到村野僻壤去调查古建筑，测量平面爬梁上柱，做精确的分析比较；又能和徐志摩一起，用英语探讨英国古典文学或我国新诗创作。她具有哲学家的思维和高度概括事物的能力。"

可是这样一个极具才华的女子，在感情方面却是很青涩，在梁思成的眼中，她就是一个永远也长不大的小妹妹。1932 年，他们已结婚 4 年，一天，梁思成从外地回来，看见了林徽因极为少见的沮丧，于是梁思成问她发生了什么。正纠结于无处安放与金岳霖的感情问题的林徽因哭丧着脸说："我苦恼极了，因为我好像同时爱上了两个人，不知道怎么办才好？"梁思成非常震惊，也不知道如何回答她。

经过一夜无眠，翻来覆去地思想斗争后，第二天梁思成告诉林徽因："你是自由的，如果你选择了老金，我祝愿你们永远幸福。"后来林徽因将这些话转述给金岳霖，金岳霖回答："看来思成是真正爱你的，我不能伤害一个真正爱你的人，我应该退出。"从此他们再不提起这件事，三个人仍旧是好朋友，每天都要在一起聊几个小时，不但在学问上互相讨论，有时梁思成和林徽因吵架，也是金岳霖做仲裁，把他们不清楚的问题弄明白。自此以后，金岳霖不再以娶林徽因为目的进行交往，只是与她作为朋友，维持着一份纯洁的友谊。虽然娶林徽因已经无望，可金岳霖还是立下誓言，终身不娶，而他也确实做到了终身未婚，用一种精神层面的爱，爱了林徽因一生。

追求梦寐以求的建筑学

1924 年 6 月，林徽因和梁思成在梁启超的安排下同时赴美攻读建筑学，然而命运之神却在不经意处给他们设置一个障碍。

1924 年 9 月，两人一起进入宾夕法尼亚大学美术学院学习，均从三年级课程读起，但林徽因满怀希望立志学建筑学的愿望却在入学初期碰了一次壁。梁思成顺利地进入美术学院建筑系，可是建筑系却有一个不收女学生的规定，因而林徽因未能进入建筑系。可是她并未因此放弃理想，而是采用了迂回战术，先将学籍注册在美术系，然后选修了建筑系的重要课程，实现了自己的志愿。1927 年夏，她从美术学院毕业后，又入耶鲁大学戏剧学院学习舞台美术设计半年。而这些国外的求学与生活经历对她的影响是显而易见的。

对于这段求学经历，林徽因无疑是满心欢喜的，她梦寐以求的建筑学在宾夕法尼亚大学是重点专业之一，能够学习自己热爱的专业，这是一件多么值得庆幸的事情。当她还不到 20 岁时，就立下了学建筑的志愿，她觉得这是一个"把艺术创造与人的日常需要结合在一起的工作"。

自此，她充分运用了自己无限的创造力，以及严谨的专业态度，将自己的聪慧、才干和天分全部融汇一体，全身心投入建筑事业。1936 年，她还与梁思成一起登上了宁静肃穆的天坛祈年殿屋顶进行实地测量，成为中国历史上第一个敢于踏上皇帝祭天宫殿屋顶的女性。

林徽因的美让人惊叹，她的才华更让人钦佩，萧乾先生的夫人、著名翻译家文洁若曾赞誉说："欧洲文艺复兴时期，曾出现过像达·芬奇那样的多面手。他既是大画家，又是大数学家、力学家和工程师。林徽因则是在中国的文艺复兴时期脱颖而出的一位多才多艺的人。她在建筑学方面的成绩，无疑是主要的，然而在诗歌、小说、散文、戏剧等方面，也都有所建树。"

但是，更让人敬重的应该是她一生对朋友、对祖国热忱的品质，我想这样的林徽因才更是应该为人所记住、所怀念的。就像李健吾在怀念林徽因的文中写的那样："既耐得住学术的清冷和寂寞，又受得了生活的艰辛和贫困。沙龙上作为中心人物被爱慕者如众星捧月般包围的是她，穷乡僻壤、荒寺古庙中不顾重病、不惮艰辛与梁思成考察古建筑的也是她；早年以名门出身经历繁华，被众人称羡的是她，战争期间繁华落尽困居李庄，亲自提了瓶子上街头打油买醋的还是她；青年时旅英留美、深得东西方艺术真谛，英文好得令费慰梅赞叹的是她，中年时一贫如洗、疾病缠身仍执意要留在祖国的又是她。"这样的林徽因，在朋友间引起的，又是另外一种评说。李健吾抗战期间闻听林徽因虽罹患重病而不离开祖国时，激动地说："她是林长民的女公子，梁启超的儿媳。其后，美国聘请他们夫妇去讲学，他们拒绝了，理由是应该留在祖国吃苦。"

结语

优米网创始人王利芬曾说过一段很感人的话，"让我折服的永远是精神和人格的魅力，让我感动的从来都是做人的真诚，让我佩服的一直都是过人的智慧，我相信，这些东西才真正是人类的精华所在。"

无论社会如何变化，良好的品质才会赢得人们真正的尊重，也是我们真正应该继承的东西。有人说，真正的巨人活在时间的深度里，因为他们从不畏惧，从不逃避。林徽因便是这样一位聪慧绝伦的文学家、艺术家、建筑家。

民国大师的青涩年代

陈独秀

鲁迅

钱锺书

林语堂

林徽因

胡适

沈从文

张爱玲

徐志摩

第四章 徐志摩

浪漫人生，诗样年华

徐志摩的才子风范从《再别康桥》就初见端倪。无论是他外形的洒脱，还是他所创作的无数首脍炙人口的诗歌，他都让人们见识到了诗人的浪漫和不羁，终不负"写诗少年"的美称。

民国时期的旧报曾用斗大漆黑的字迹清楚地报道了徐志摩先生的死讯：1931 年 11 月 19 日，徐志摩从南京乘飞机赶往北平，行驶到山东济南一带，因遭遇大雾，飞机撞山失事，徐志摩当即坠机遇难……

每个看到这篇报道的人，都似乎还能想起当初那首饱含着无限深情的《再别康桥》，而转眼间，这位中国现代文学史上最具才子风范的一代诗人，就这样黯然与人间永诀，没能来得及挥一挥衣袖，也没能带走一片云彩，却带走了诸多后人的怀念。

神童初长成

1897 年，浙江海宁县硖石镇的一户人家，迎来了一个呱呱坠地的新生命，这就是徐志摩。这里本是锦绣江南，山清水秀、人杰地灵，千百年来都以盛产才子闻名于世。但老天爷似乎是故意和徐志摩开了一个玩笑，他不但没能跟书香门第扯上一星半点的关系，反而出生在一个富贵的商贾世家。

他的父亲徐申如一手操办和经营着众多商号，其业务涉及蚕丝厂、布厂、硖石电灯厂，是上海和浙江地区鼎鼎有名的金融实业家。徐申如头脑灵活，思想开放，又附庸风雅，擅长同社会名流交际。

徐申如有两房姨太，徐志摩并不是正妻所生，他的母亲名叫钱穆英，是徐申如的侧房，虽然母亲的家庭地位纤薄，但志摩却是老爸徐申如的掌上明珠。当他嗷嗷待哺地出现在徐申如的面前时，徐父还是一个只有 25 岁年纪的小青年，这是他第一次如此真切地面对一个鲜活的小生命，他简直惊讶、兴奋极了！随即给这个哇哇大哭的男婴取名"章垿"，取字"槱森"，寓意"财源茂盛"。

由于徐如申是位大商人，他自然希望自己的儿子将来能够子承父业，按部就班地成为家族事业的接班人。而徐志摩本人也一直都很顺从地接受着家庭的熏陶和父亲对自己所做的一切安排。

在这里有必要简单介绍下"志摩"二字的来历。一些相关的传记资料上说，在他刚满周岁那天，一个名叫志恢的和尚为他算命，一本正经地告诉徐如申："此子将来必成大器。"徐如申一听，怎会不晓得这话只是和尚的一番恭维，但妙就妙在这句话正中下怀，他对儿子正是一直都抱着望子成龙的美好夙愿。于是，在徐志摩前往美国前，徐申如正式为他改名为"志摩"。

徐志摩，这位富家少爷，凭着天生优良的家庭坏境，从小就受尽了各方的宠爱，养成了调皮伶俐、活泼好动的性格。也许上天真的是很眷顾这个孩子，让他降生在这样一个富有的家庭，每天过着锦衣玉食的生活，却没有令他养成富贵公子哥那些不学无术的坏习性。让人惊喜的是，他天资聪颖，老师只教过一遍的东西，他都能够熟记于心。徐申如很重视孩子的教育问题，因此志摩 4 岁就进了私塾，11 岁入新学，13 岁转入杭州府中学。不管是哪个学习阶段，在哪个地方读书，他一直受到老师的赞扬和鼓励，考试成绩经常名列榜首。

他顽皮好动，始终保持着一股难得的自然天性，就算老师拿着戒尺对准他的手板，他也不会轻易屈服。由于他平时喜欢阅读课外书籍，对一些知识掌握得滚瓜烂熟，所以同学们都戏称他是"两脚书橱"。

当年徐志摩在杭州府中学读书时，中国文学史上的另一位大师郁达夫正是他的同班同学。他性格内向，在班里不爱发言，而徐志摩却是班里最活跃调皮的同学，总喜欢在课堂上耍一些鬼把戏，气得老师吹胡子瞪眼，逗得同学哈哈大笑。

1913 年，徐志摩已经 16 岁，而他的才华也渐渐显山露水，小小年纪就在校刊《友声》上发表了自己原创的著作——《论小说与社会之关系》与《镭锭与地球之历史》。经过同学们的一番传阅，"徐志摩是神童"这句论断彻底在校园流传开来。

由于徐志摩从小就生活在一个富裕的家庭，有家长的呵护、师长的爱护以及同学的羡慕，所以养成了伶俐顽皮、活泼放纵的个性。加之他天资聪颖、资质过人，很讨人喜欢，又使他无形中感觉自己很有优势，这也就是常人所说的小少爷般的优越感和自信感。而此时此刻，远离家乡不用受到父亲严格的管教，让他更是如同一只小鸟离开了牢笼，享受着珍贵的自由，到了一种无拘无束的地步。此时此刻，他很希望自己能够在众人面前做出一番成绩。

1911 年秋，由于辛亥革命的爆发，杭州学府只能暂时停办，徐志摩也被迫中断学业，回到了浙江海宁老家。在等待复学的日子里，他有了大把的时间来关注时下新闻，通过报纸了解了很多关于革命的消息，被字里行间那种渗透着民主、自由、博爱等新思潮所吸引。特别是当他看到关于梁启超的一些事迹时，整个人都惊呆了。要知道，此人是戊戌维新时期的代表人物，在当时，他的启蒙思想和学识文采已经风靡整个中国。作为有着新思想苗子的徐志摩，更是深深地为他所具备的学术造诣和个人魅力所倾倒，无时不在盼望着能有一天可以与心中的这位偶像相见。

在杭州学府念书时，14 岁的徐志摩写了《府中日记》，透过这些文字，可以大概了解到小小年纪的徐志摩已经有了不凡的胸怀与生活态度。他爱好广泛，喜欢交友，对自己严格要求，虽然生在富裕家庭却懂得节俭，课余时间热衷关心国家大事，这些都为他后来的文学成就打下了坚定扎实的基础。在平常的业余生活中，除了读书，他还有诸多兴趣，例如下围棋、踢毽子，甚至与同学论剧说文。

更难能可贵的是，他小小年纪竟对国家大事有着自己的独特看法。比如日记中的一篇写到盛宣怀向日本借款一千万用来兴办东三省实业的事情，他在下方尽情阐述自己的看法：日本财政"未见充裕"而欲借钱给中国，只不过"见英德美法均有借款而彼独无，恐为人后，出于好胜之举也"，这对中国来说也许没什么坏处，"惟吾国所借之巨款，苟能兴办各实业，不致为政府含糊侵吞，则全国人民之幸已。"

他的文学才华从这本《府中日记》中就能看出几分，所有文章的用词俱是得当，文笔生动，哪怕只是记述与同学出去郊游的事迹，也写得绘声绘色，令人读后不免想要拍手称赞。

留学美国，求学英国

1919 年，为了获得更多的先进思想以及知识，徐志摩乘坐轮船到了大洋彼岸。在美国的那段期间他同样写了《留美日记》，起止时间为 1919 年 1 月 26 日至 12 月 21 日，这本日记详细地记述了徐志摩在美国留学一年间的生活、学习以及思想变化。随着一系列政治事件的发生，比如巴黎和会的召开等，徐志摩的思想发生了更大程度的蜕变，以更加成熟的姿态迎来了自己的青年时代。当时的他，早已不再是那个写着《府中日记》的小小中学生了。阅读《留美日记》可以清楚、深刻地认识到一个更有人品、学识，思想境界更高的徐志摩。

徐志摩有着浓厚的爱国主义情结，这从他日记的字里行间就能轻易得知。在美国学习期间，他一方面关注巴黎和会的紧张消息，另一方面也很关心国内的殉难者。那些为了国家胜利而牺牲自己生命的同胞，是他从内心深处所尊重的。在日记中，他详细地提到了这些时事给予自己的震撼，并且更加坚

定决心以后要为壮大自己的国家做出突出贡献。为此，他很关注自己的修养，不管是文学修养抑或其他。在 7 月 8 日的日记中他曾这样写道："人家说我好，到要估量估量是真好不是；人家说我坏，十有九分是有这么一回事——况且是我知己朋友，批点出来，难道说他们还无中生有，来咒我不成。"像这样渗透着自省的文字，还可在他的日记中看到很多。

在《留美日记》中，徐志摩还提到了很多与他一同留学异国的同学，包括胡适、吴宓、冯友兰、杨荫瑜等日后在国内政界、文学界、教育界都响当当的名人。

在美国，徐志摩看到很多美国政府甚至美国百姓的做法，也受到了很多启发。比如，他看到美国人十分重视保护河水清洁，于此也想到了国内的水源、水质问题，倡导大家也要学习美国人爱护环境的做法。他想到在自己的家乡浙江，江面上常年飘荡着一些动物的死尸，由此更是引发了一系列疾病或是污染。但人们却是那么地愚昧，只认为人们之所以得传染病都是上天的惩罚，只要勤快地拜神祭天，到时候一切灾难自然能够减免。现今江河水污染的预防和治理已经作为国家的重要政策，而当时的徐志摩就具备了这样的情怀，他敏锐的观察和判断正是源于他对周围事件的好奇心和关注力。

1920 年，徐志摩在美国已经待了两年。他想去看看外面更广阔的世界，于是当年前往英国留学。在英国的这段时间，徐志摩大部分都在康桥，这也是他写出传奇诗词的地方。在康桥的日子，徐志摩感受到了神仙一般的美好，他在日记中写道，"我的眼是康桥教我睁的，我的求知欲是康桥给我拨动的，我的自我的意识是康桥给我胚胎的。"

在康桥的日子与他在美国的岁月是截然不同的。在美国的那两年，徐志摩总是忙上课、写考卷，将时间付给课堂；而在康桥，他从精神上收获了更多，总是散步、划船、闲谈，以及看闲书。他自己曾这样评价这两段不同的留学经历，去美国之前他算是一个有点小聪慧的青年，回来的时候依旧如此；但在康桥，却是真正明白了先前的那种日子过得有多糊涂和平淡。

他在《我所知道的康桥》中说自己之所以会来英国求学，完全是因为罗素。为了继续追随偶像，他很痛快地买了船票，想跟这位 20 世纪的伏尔泰认真地学习一点文化。但谁知道，罗素那时已经被康桥除名了。因此，徐志摩想要跟随的心愿也无从实现了。就在他觉得人生无望的时候，上天将另外一位有名的文学大师带到了他面前，这人正是狄更生。徐志摩此前就曾在国内读过他的两本名作——《一个中国人通信》与《一个现代聚餐谈话》。认识了狄更生后，他就经常去到他的家里做客，并在狄更生的劝导和帮助下，最终进入皇家学院。

正是从那时开始，徐志摩渐渐与康桥建立起不可分割的联系。在康桥的岁月，可说是他一生的宝贵财富。

大诗人和他身边的三个女人

徐志摩的第一任妻子是张幼仪，这是人人皆知的事情。当时，少年徐志摩才情出众，轰动了杭州府中，引起了当时正在校园做客的浙江都督朱瑞的秘书张嘉璈的关注。回到府中，张嘉璈立即动用所有人事关系，展开了对这位少年才子的身世调查。当他得知徐志摩的父亲就是浙江鼎鼎有名的富商徐申如时，内心更加喜不自禁，立即将这个天大的好消息告知了自己还未出嫁的妹妹张幼仪。论人品才气，家世背景，徐志摩都是万里挑一，这样好的妹夫被自己撞到了，当然是"肥水不流外人田"，当然要想尽办法留在自己的家里。

想到这里，张嘉璈丝毫没有犹豫，主动托人到徐家求亲。这里有必要简单介绍下张家，他们的背景也很不错，算是一个名门望族。

张幼仪的祖父曾是清朝的七品知县，家中共有 12 个兄弟姐妹。她的二哥张嘉森曾在日本、德国留学，担任过北大教授、民社党主席等重要职务，名声享誉学界、政界和金融界。四哥张嘉璈（字公权）也曾到日本留学，担任过浙江都督朱瑞的秘书、交通部长、中国银行总裁等要职。当时，张幼仪也刚满 16 岁，正值含苞待放的花样年华，在这之前，来张家提亲的人络绎不绝。按照旧时的社会习俗，这么小的女孩子早已被父母张罗着，开始挑选嫁人的对象了。如果一个女子，到了 20 岁仍然待字闺中，那一定会被周围邻居狠狠地嘲笑一番。

张幼仪虽算不得一个倾国倾城的美娇娘，但还是比较端庄的，只是没有受过什么教育。徐志摩才华出众，浪漫温情，难免更关注佳人。

可即便如此，父母之命难违，徐志摩最终还是无奈地应下了这门亲事。只是此时的他还不晓得，这一结婚为日后埋下了多少辛酸与苦难。

日子果然是辛酸的。徐志摩仅用三个月的时光就验证了自己对此女没有多少感情。毕竟是第一次结婚，徐志摩一点儿不懂得为夫之道。渐渐地，他开始怀念独自在外求学的岁月，那渴望飞腾的心灵早已难忍家中各种规矩的束缚。1916 年秋，徐志摩离沪北上，到天津的北洋大学的预科攻读法科。1917 年，北洋大学法科并入北京大学，徐志摩如愿以偿回到了让自己朝思暮想的北大。第二年，他迎来了人生中的两次蜕变：一是张幼仪生下了长子积锴，他当上了父亲；二是他有幸拜自己少年时候的偶像梁启超为师。

受梁启超的启发和影响，徐志摩决定赴美留学，以增加自己的见识。他是个急性子，说风就是雨，一产生这种想法，立即开始联系，一个月工夫就将各类手续办妥，然后电话通知家人 8 月底他要去美国读书。

1918 年 8 月 14 日，徐志摩乘南京号客轮，从上海浦江码头启程自费赴美留学。9 月，他入读马萨诸塞州的克拉克大学，一年时间过去，他如愿顺利结业，并取得了该校的一等荣誉奖。一年后，他再次拿到了哥伦比亚大学的硕士学位。这让徐志摩在求学的道路上，更加信心百倍。

随后，徐志摩受英国哲学家罗素的吸引，横渡大西洋。因一些变故，他未能达成师从罗素的夙愿，不过他却遇到了一位像云一样飘逸，像水一样清纯的 16 岁女孩，从此改变了他的一生。

在此之前，徐志摩与林徽因的父亲林长民于 1920 年在一次国际联盟协会上相识。天性浪漫的诗人敬重学识渊博的前辈，徐志摩为林长民那一番慷慨激昂的演讲所深深打动，两人一见如故，数次交流下来，竟成了忘年交。

从林长民的口中，徐志摩得知了林徽因的存在。父亲视女儿为掌上明珠，自然赞许有加。而一个天性多情的诗人，怎能不对那个未曾见面的才女充满好奇？从那以后，他心里多了一个姓林的姑娘。

终于，满怀憧憬与希望，徐志摩迎来了与林徽因的第一次会面。徐志摩眼前的那位少女灵气逼人、优雅动人，他这次是真的完全被吸引住了。也许就是在那一刻，徐志摩决定，今生要定了这份爱情。

而此时此刻，张幼仪与丈夫分别已有半年，相思之情甚重，于是她经过家人的同意后，孤身一人带着行李前往异国来与之相会。而丈夫对林徽因的炽热感情，她毫不知情。

因为要照顾妻子，见不到心上人的这段时间，徐志摩一直与林徽因进行频繁地通信。少年热恋如火，情愿葬身情海；少女也是情窦初开，恨不能天长地久。

久而久之，越来越鲜艳的红玫瑰，使那位名正言顺的徐太太瞬间失色，沦为男人口中吃腻了的白米饭。

终于，为了成全这段炽烈的真爱，徐志摩向张幼仪提出离婚。然而此时的她，又已身怀有孕。堕胎的提议遭到张幼仪反对，徐志摩也只能暂时妥协，并向林徽因保证，等孩子一出世，他就给她一个真实的婚姻。

1922 年 3 月，徐志摩带着满腔的热忱返回剑桥寻找自己的梦中伴侣，他对爱情充满了美好的渴望和向往。然而，他一路兴奋地狂奔伊人故居，却只看到空洞的大楼，原来，早在几个月前，林徽因就已经跟随父亲回国了。不久，林徽因就与梁启超的儿子梁思成相识，并正式交往起来。梁思成聪明好学、稳重踏实，家庭背景也无可挑剔，再加上林、梁两家的交情，两个孩子若能成婚，对两家来说都是十足的好事。有了这样的念头，林长民立即向梁启超表达了这样的想法，他这一招真可谓一石二鸟，用心良苦。一方面为自己的女儿选了一个乘龙快婿；另一方面，让女儿彻底摆脱了徐志摩的纠缠，他是梁启超的弟子，就算回到中国来，总不能跟自己的老师抢儿媳吧？

正中林长民的意思，好友梁启超当即很爽快地同意了这门婚事。从梁启超的坚决中，就很明显地看出，当时他并不知道徐志摩与林徽因的关系的，而那样一个一心只关心政治时事的学术大师，自然很少关注那些海外的八卦。于是，两家经过一番商议，决定先送两个孩子去西方求学，等回来后再订婚、成婚。

失去林徽因后，徐志摩放浪形骸。为了弥补失恋之痛，他先后跟几个女性保持着比较暧昧的关系，其中就包括那个再次让他怦然心动的女性，一个有夫之妇——陆小曼。

在遇到陆小曼时，她已经是北京社交界声名远播的交际花。陆家世代书香，陆小曼自小就受琴棋书画的熏陶。18岁就开始出入北平的社交界，由于多才多艺、能诗能画，并且待人热情，一时间竟也芳名远播。19岁时，父母将她许配给了年少有为的王赓。

一个活泼好动，一个年少炽热，初次相遇，电光火石之间，爱的火焰汹涌如潮。王庚虽是徐志摩多年的同窗，但怎奈热爱难挡，徐志摩便顾不得什么"朋友妻不可欺"的古训，而任由爱情疯长，此后出入小曼家更是频繁。后二人恋爱事迹暴露，小曼这才请求父母答应自己与王庚离婚。离婚的过程很艰难，但经过一番努力，两人终于还是在一起了。

1926年10月14日，徐志摩和陆小曼在北海公园举行婚礼。那一年，徐志摩31岁，陆小曼24岁。最初，小夫妻的日子过得十分恩爱、甜蜜，然而随着时间的流逝，很多矛盾不断地涌现出来，先是公婆无法与小曼沟通，径直搬到北京去了，夫妻俩也由此移居上海。

到了上海，小曼又过起了十里洋场的交际花生活，花钱大手大脚。为了维持生计，徐志摩不得不辛苦地四处教学，赚取足够的钱，这着实让他苦不堪言，他曾给朋友的信说："上海的生活苦不堪言，简直度日如年。"

渐渐地，他对这段感情感到压抑，时刻想要逃离。1931年11月13日，徐志摩乘飞机从北京到上海，刚回家就与陆小曼大吵一架。他想与小曼温存下的美好幻想被打破了，心灰意冷地乘坐 19 日一早开往北京的邮政飞机，不料飞机失事，徐志摩当场遇难。

浪漫诗人，绝美诗歌

徐志摩对中国文学最伟大的贡献，无疑就是他亲手写下的那些美丽的诗篇。无论是现代美学的角度还是文学研究的意义，这些诗篇都能够穿透表面，抵达人的内心深处。从诗歌中，你总能摸索到他对整个人生所怀抱的炽热真情以及他全部的理想，比如那首《为要寻一个明星》：

> 这回天上透出了水晶似的光明，
> 荒野里倒着一只牲口，
> 黑夜里躺着一具尸首。——
> 这回天上透出了水晶似的光明！

诗歌里充斥着徐志摩对于理想的热烈追求，这从他早期的作品就能观察到，而这些也是他对"五四"时期那种乐观精神的传承与挖掘，诗歌中渗透着他渴望自己的祖国能够壮大的美好心愿。而在后期的诗歌创作中，他掺杂了很多对祖国现实不满的情绪，不免展现出自己对社会所流露的失望、悲观。而对爱情的歌唱，在他创作的前期与后期均有分量，不能简单地归纳多少。

不论是言志，还是抒情，徐志摩早年间在诗学上就已经取得了不小的成就。从《再别康桥》中我们已然能看出端倪。

徐志摩的一生是短暂的，但也可以说他的青年时代是饱满的。在诗歌中，他找到了自己的心灵家园。而这一切，却是很多民国大师所不能企及的！

当然，他也并未实现完美，但在当时来说，他这样一个在诗歌领域已有不小成就的代表，却是难得的万中挑一。特别是在诗歌风格的创造上，以及诗歌题材的扩充上，徐志摩都做得很出色。

结语

你若不离不弃，我便生死相依。爱情是无比美好的，无数的人像飞蛾扑火般前仆后继，为的只是一尝爱情酒的香醇。但事实是，有许多人的爱情是毒药，你越触碰它，越容易伤了自己。

真正的爱情，是需要时间和波折考验的。

也许徐志摩的一片真性情，一颗热情澎湃的心，以及那份关于他跟三个女人千丝万缕却又令人唏嘘不已的感情，一直都深深地烙印在斑驳的历史中，任书页泛黄，经典永成存。

但他的热忱，他的心潮澎湃，他为爱写下的美丽的诗篇，都超越了时间而存在。

再没有一个青年，拥有这样真实的赤子之心。

在他生活的民国时代，因有了这样一位诗人，诗歌的星河才得以更加璀璨。

民国大师的青涩年代

陈独秀

鲁迅

钱锺书

林语堂

林徽因

胡适

沈从文

张爱玲

徐志摩

第五章 沈从文

淳朴本性，一介书生

　　沈从文一生共出版《石子船》《从文子集》等30多种短篇小说集和《边城》《长河》等6部中长篇小说，无论从产量还是质量来说，他都是不可多得的才子。他对乡村世界具有独特的审美意识，他掀起的文化风潮更不容小觑。他曾说："这世界或有在沙基或水面上建造崇楼杰阁的人，那可不是我，我只想造希腊小庙。选小地作基础，用坚硬石头堆砌它。精致、结实、对称，形体虽小而不纤巧，是我理想的建筑，这庙供奉的是'人性'。"可见，他的淳朴并不是做作，而是一种纯天然的流露。

　　也许，我们看到的往往是成功者身上的光环，道听途说，却很少返璞归真，找出真相。他对张兆和的爱露骨而直接，让我们发现了他真性情的一面。

文学青年闯京城

　　沈从文只有小学文化，起初他甚至连标点符号都不会用。但后来却用手中的笔，与当时文坛中的精英一起进行文学创作。过程中的心酸与艰难，自是常人所难以想象的。

　　1917年高小毕业后，沈从文在陈渠珍湘西护国联军部队办理杂事，后任陈渠珍的书记。在这段工作经历中，陈渠珍的藏书给如饥似渴的沈从文注入了颇多的文学养分。1922年，在陈渠珍的支持下，沈从文得以去北京。1923年进入北京大学旁听，同时练习写作。

20 岁的沈从文，开始北漂，前方的路却极为辛苦。在北京，他上午去北京大学旁听，夜晚回到出租屋点着昏暗的油灯，将故土的人情一一挥笔搬于笔墨之间。这些奋笔疾书的小说、散文一篇篇寄出去后，最终都石沉大海。

在那个吃不饱穿不暖的年代，只有小学文凭的沈从文奋笔疾书，只为了果腹三餐，有衣遮体。人生的悲喜与时局的艰难，让沈从文倍感世态炎凉，体味到人生的种种艰难。

他笔耕不辍，为生计而写文章，但文章写出之后，他的生计却日益艰难。在他百愁莫展的时候，他想起素昧平生的同道中人郁达夫。沈从文读过郁达夫的文章，为他的良善而感动，于是寄信给他。

几天之后，郁达夫找到沈从文的居所，眼下沈从文的饥寒交迫不禁让他感到心酸，于是心生恻隐，带着沈从文到饭馆去饱餐一顿，翌日郁达夫奋笔写下满纸悲愤的散文《给一位文学青年的公开状》。在这篇文章中，郁达夫表达了社会对青年前途的扼杀，这不公的现实没人理会，可郁达夫却敢于直言，发出了令人闻之色变的控诉。

他甚至在文章中提出了自己的建议：上策是去当土匪，去拉洋车，可沈从文手无缚鸡之力；其次是去革命，去制造炸弹，可沈从文手中只有一把裁纸的小刀，如何革得了阔人的尊命？唯余头发中的灰垢和袜底的污泥，纵然身怀绝技，炸弹也无法造成；中策是弄几个旅费，及早回家，从此与老母幼妹相依为命地度日，可是这年头道路不靖，何况旅费也找不着；所剩者唯有下策，啊呀，不愿说倒说出来了，做贼，做贼，不错，我所说的这件事情，就是叫你去偷窃呀。要偷，最好是从亲近的熟人做起，先试试去偷那位熊善人（北洋政府前总理熊希龄）的家财，反正他那厚产也是用别样的手段从别处偷来的，你若再慑于他慈和的笑里的尖刀，不敢向他先试，那么不妨上我这里来做个破题儿试试，偷不到钱，总还有几本旧书……

满纸的"荒唐"，可见当时这位有志青年心中的酸楚。同是天涯沦落人，郁达夫不是揭沈从文的伤口，而是要抨击这个社会对青年没有扶掖之心。他率先将沈从文的习作介绍给京城的报纸副刊，之后徐志摩在其主持的《晨报副镌》上发表沈从文的小说、散文，徐志摩还将沈从文推荐给胡适。

在徐志摩等人的推荐下，沈从文才有了一份糊口的生计。当时的胡适求才若渴，聘请湘西山民沈从文做中国公学的国文教师。30岁时他进入了中国公学，在胡适的校园里，站在三尺讲坛上讲着那些关于文学的事。这份教授低年级文学课的工作，是他颇为体面的一份工作。这个来自湘西的乡下人，一个不小心就闯入那大都市。从此，文坛上的那一幕华章，渐次拉开。

第一次去校园上课的时候，沈从文站在学生面前很是窘迫，他沉默地提笔在黑板上书写"第一次上课，见你们人多，怕了"。

就是这样低调的一个人，不愿被困境追赶，向朋友伸出了求援之手，然后一路向前，走上了寻梦的舞台。

每个人的成长都离不开朋友和机会。在没有机会的时候，要善于寻找机会。沈从文当年一筹莫展的时候，给未曾相识只阅读过其文章的郁达夫写信寻求帮助，才得以走出人生的困境。沈从文之举并不丢人，每个人的一生都不是独自走完的，朋友多了路好走，尤其是在困境面前。

因为沈从文的小学学历，在他的教书生涯中，一直是被人看不起的。他在西南联大任职时，有机会可以被提升为教授，却引来刘文典的直言讥讽，"陈寅恪才是真正的教授，他该拿400块钱，我该拿40块钱，朱自清该拿4块钱，可我不会给沈从文4毛钱。沈从文要是教授，那我是什么？"

对于当初这些搞新文学创作的人，刘文典他们看不起，但也有人是心生钦佩的。美籍文学评论家夏志清对沈从文的作品深加肯定，他认同"沈从文在中国文学史上的重要性"，他曾这样点评沈从文的《静》："30年代的中国作家，再没有别人能在相同的篇幅内，写出一篇如此有象征意味如此感情丰富的小说来。"

抛开学历和文凭不说，沈从文在教学方面是一个善于思量和贪婪学习的人。正如当初沈从文对张兆和的建议："为了要知道多一点，所谓智慧的贪婪，学校里的一点点书是不够的，平常时间也不够的，平常心情也不济事的，好像要有一点不大安分的妄想，用力量去证实，这才是社会上有特殊天才、特殊学者的理由。"

他一直鼓励着学生们一路向前，贪婪地学习知识。

不喜政治，专心从文

乡村文化小说，乡村人性特有的风韵与神采在沈从文的笔下活色生香。湘西地区的转型是他小说的代表特色。他的创作思路来自乡野，具有浓郁的地方色彩，他的创作风格基于浪漫。他将小说的诗意效果，融写实、纪梦、象征于一体，他有他自己独特的主张和风格。

除了乡村生活，他也写都市题材，都市生活中的腐化，时代的堕落，都市中的人性丧失，在郭沫若等左翼文学家看来，有些颓废、厌世的味道。可正是他这种独特的价值尺度和内涵的哲学思辨，使他的作品《边城》传递了他的理想生命之歌和"美"与"爱"的美学理想，在文坛中熠熠生辉。

他对人生的忧患，对生命的哲学思考，凌驾于当时的时局之上，他的顽强有实在的生命品质，在他的小说里，给了人们良好又有教益的启发。

他不喜政治，半生都在避开政治。他只想专心从文，在他的作品中寄托他的民族和个人隐痛。

沈从文的文学作品，入选于 1987 年、1988 年诺贝尔文学奖最终的候选名单之中，但因为当时评选过程中的诸多偶然因素，又恰逢他刚刚去世，因此让沈从文与诺贝尔文学奖失之交臂。

日后曾任诺贝尔文学奖评委会主席的佩尔·韦斯特伯格在 2012 年回忆时说，沈从文"非常非常接近获奖，但是他不幸去世了"。

小说之外，沈从文最爱的是书法。从小就爱好习作的沈从文，少年时期就已经能写出很好的楷书了。经过长久的历练，章草和行楷他也很在行。沈从文先生的书法作品有发表于《大公报》文艺副刊上的《谈写字（一）》，发表于《论语》半月刊上的《谈写字（二）》，还有未发表的《叙章草进展》。

沈从文先生写字，从来不讲究笔和墨。他自己也说："用的笔通只值一毛三分中小学习字笔，纸也只用一毛五分的糊窗高丽纸……墨是沉淀后加水的墨汁，所以无光彩，应叫死墨，用书行家看来就知道是外行。"

就像对小说一样，他对书法有一套完整的个人理论。他将兴趣爱好当作纯粹的喜好去经营，他只是写好书法，并不想以书法为生谋利。

有一次，诗歌作家柯原向当时也很拮据的沈从文伸来求援之手，本身自己手头也不宽裕，于是他想到一个法子，在天津《益世报》文学周刊上登了一则启事："有个未谋面的青年作家，家中因丧事情形困难，我想作个'乞醯'之举，凡乐意从友谊上给这个有希望的青年作家解除一点困难，又有余力做这件事的，我可以为这个作家卖20张条幅字，作为对于这种善意的答谢。这种字暂定为10万元一张。我的办法是凡要我字的，可以来信告我，我寄字时再告他如何直接寄款给那个穷作家。你们若觉得这个办法还合理，有人赞助，此后我还想为几个死去了的作家家属卖半年字。"

仅此一次，他通过卖自己的字画，帮助了当时所需帮助的作家。

沈从文把写字当成是一门艺术在经营。他说："社会组织复杂时，所有事业就得分工。任何一种工作，必须要锲而不舍地从事多年，才能够有点成就。当行与玩票，造诣分别显然。一般人对于某种专门事业，无具体了解，难说创造；无较深认识，决不能产生奇迹。

"对于写字，我恰恰相反，写来写去，总觉得不满意，也可以说是一种悲剧性的徒劳，等于自讨苦吃。永远得不到写字人应有的快乐。"因此给字时，他总要交待，"不要裱，找块大一点的木板贴在上面也行"。

好一个"锲而不舍地从事多年，才能够有点成就"！好一个"当行与玩票，造诣分别显然"！若不是这锲而不舍和这洒脱的心境，沈从文的书法也无法登堂入室。但凡世事均是如此，付出多少，得到多少，锲而不舍，终有回报。这些大师无不是青年时期就有一个兴趣爱好，再加上积年累月的坚持，才成就了人生最后的华章。

"只爱过一个正当最好年龄的人"

"我行过许多地方的桥，看过许多次的云，喝过许多种类的酒，却只爱过一个正当最好年龄的人。"

一介潦倒书生沈从文，在中国公学初见张兆和。她不惊艳群芳，也无倾城容颜，只是一个清雅脱俗的一般女子。可就是这个一般女子在当时沈从文的心里，却是清雅脱俗、秀气文静，害羞内敛，有着中式标准的气质之美。

沈从文对张兆和一见钟情，继而展开了漫长的求爱之旅。不管沈从文怎么追，怎么求，张兆和都是静静的，不退亦不进，对他貌似并无热情和爱恋。当时年纪尚轻的张兆和拒绝不了沈从文炙热的情书、热情的追求，不谙世事的她以为，沉默就是最好的拒绝。

她的沉默，被沈从文认为她对他并不排斥，于是继而更加努力地连篇累牍地递送情书，求爱之旅并未中断。

沈从文甚至还动员过张兆和的宿舍好友帮助他促成他们的恋情。经过打听之后，沈从文很是失望，张兆和收到的情书很多，可她从不回复。宿舍好友还说，如果都要她回信的话，那么张兆和就没时间念书了。沈从文对张兆和的相思之情满溢，每每讲到动情之处，还会在张兆和的宿舍好友面前哭起来，可见其用情之深、之切、之真。不管宿舍好友怎么撮合，张兆和都对沈从文的热情视而不见。到最后，动不动就哭诉一番的沈从文都有些不招张兆和的宿舍好友待见了。宿舍好友实在是没办法把这个乡野之人和清雅脱俗的张兆和撮合在一起。

沈从文求爱之旅困难重重的事情被胡适知道了。于是胡校长亲自出马，

准备促成这段恋情。但胡适却高估了自己的能力。

胡适在给张兆和介绍了沈从文这人的各种潜力之后，大加夸赞沈从文的天才底子，希望张兆和可以帮助这位中国未来的小说家，但张兆和态度坚决，就是校长胡适来当说客，都动摇不了她的心。

胡适对张兆和说："他顽固地爱着你。"张兆和顽固地回答说："我顽固地不爱他。"

于是胡适遗憾地对沈从文说："这个女子不能了解你，更不能了解你的爱，你错用情了……不要让一个小女子夸口说她曾碎了沈从文的心……此人太年轻，生活经验太少……故能拒人自喜。"

如此看来，胡适是不了解张兆和的。她对于沈从文的心，对于沈从文追求她的态度，并不是以拒人自喜，她只是有她自己的想法和主见而已。

沈从文并不放弃，说服失败之后，他继续写着浓烈的情书，他想要张兆和明白和接受他的心。

他如此写道：

"蒲苇是易折的，磐石是难动的，我的生命等于蒲苇，爱你的心希望它能如磐石。

"望到北平高空明蓝的天，使人只想下跪，你给我的影响恰如这天空，距离得那么远，我日里望着，晚上做梦，总梦到生着翅膀，向上飞举。向上飞去，便看到许多星子，都成为你的眼睛了。

"莫生我的气，许我在梦里，用嘴吻你的脚，我的自卑处，是觉得如一个奴隶蹲到地下用嘴接近你的脚，也近于十分亵渎了你的。"

沈从文曾说："我曾做过可笑的努力，极力去和别的人要好，等到别人崇拜我，愿意做我的奴隶时我才明白，我不是一个首领，用不着别的女人用奴隶的心来服侍我，但我却愿意做奴隶，献上自己的心，给我爱的人。我说我很顽固地爱你，这种话到现在还不能用别的话来代替，就因为这是我的奴性。"多数人愿意仆伏在君王的脚下做奴隶，但他只愿做张兆和的奴隶。

这句子中透露出来的情感大抵有那种"舍你其谁"的味道，和一定要坚持到底的韧劲。让一个铮铮铁骨的大男子甘愿做奴隶，去侍奉他那美丽的姑娘，这是多么可贵的爱情。

张兆和曾在日记中写道："他对我的室友莲说，如果得到使他失败的消息，他只有两条路可走，一条是刻苦自己，使自己向上，这是一条积极的路，但多半是不走这条的，另一条有两条分支，一是自杀，一是，他说，说得含含糊糊，'我不是说恐吓话……我总是的，总会出一口气的！'出什么气呢？要闹得我和他同归于尽吗？那简直是小孩子的气量了！我想了想，我不怕！"

不管以什么理由，他只想与张兆和讲和。那是一段软硬兼施的求爱之旅。沈从文邀过校长胡适等说客，做过扬言自杀的威胁，也许下次即使被拒绝也要重新站起来，继续求爱。他那无法稀释的爱情，已经浓烈到一塌糊涂了。

沈从文不能放弃他对张兆和的丝毫情谊。

就算心如磐石，在锲而不舍的追求下也是会动摇的。渐渐地张兆和开始同情起沈从文来，为他一片执着的心肠，干出的几乎"不近情理"的事……顽固的年轻作家沈从文，硬是凭着自己的一腔热血和坚持不懈、百折不挠的韧性，通过四年的努力，终于将张兆和追到手了。

为了之后的婚事，沈从文也是忐忑不已，生怕因为自己是个乡下人又要花费个一年半载的。于是他跟张兆和说："如果父亲同意了，就早点拍电报给我，让我这个乡下人也早点喝杯甜酒吧。"后来张兆和拍电报的内容是：乡下人，喝杯甜酒吧。

他们婚后的生活柔情蜜意，不像沈从文苦追的当年，张兆和这时已性情大变，甚至用浪漫柔情的文字写道："长沙的风是不是也会这么不怜悯地吼，把我二哥的身子吹成一块冰？为了这风，我很发愁，就因为我自己这时坐在温暖的屋子里，有了风，还把心吹得冰冷。我不知道二哥是怎么支持的。"

沈从文和张兆和饮着爱情的甜酒，让人称羡不已。可时日不长，抗战爆发后，他们的爱情也在经受着重重考验。但凡文人都不善理财，加之沈

第五章 沈从文
淳朴本性，一介书生

从文又花钱收集古董、文物等，导致家中生活甚是拮据。抗战之后，更是举步维艰。

沈从文南逃之后，张兆和留在北京带孩子。心中常常指责沈从文从前太过铺张浪费，不善节俭，导致现在生活很是紧张，"打肿了脸装胖子""不是绅士而冒充绅士"这样的话张兆和常常说。南逃之后的沈从文也是生活困顿，常常向朋友借钱讨生活。这柴米油盐的生活琐事成了张兆和气恼的主题。

而沈从文却不思这些生活琐事，依然沉迷在对张兆和的迷恋之中，表达着思念之情。张兆和在生活上的不满，也迁怒到沈从文这个人和他们的情感中来。因此有数次见面的机会，都被张兆和故意错过了，大体她是不想与他见面的，或者在沈从文看来，她貌似已经改变了心意。一方面他很爱张兆和，另外一方面他也不愿意张兆和受委屈，所以坦然了自己的心迹：张兆和在北京若有相好的人，她永远是自由的。

张兆和失望的并不只是物质生活缺乏时他的无能为力，更重要的一点是，张兆和深感无力应对这个大男人的絮絮叨叨："来信说那种废话，什么自由不自由的，我不爱听，以后不许你讲……此后再写那样的话我不回你信了。"

也许当初张兆和因同情而柔软的感情并不是对沈从文的爱，她为他的真情所感动，她却并不爱他。所以在遇到考验的时候，她的心意才飘乎不定。婚后的朝夕相处，已经累积了他们日益渐起的亲情。因为不是两情相悦，不是因互相欣赏而走到一起，沈从文因外表、出身和生活能力等方面的自卑，日益苦恼起来。

所以到最后，张兆和也甚是疑惑："从文同我相处，这一生，究竟是幸福还是不幸？得不到回答。我不理解他，不完全理解他。后来逐渐有些理解，但是，真正懂得他的为人，懂得他一生承受的重压，是在整理编选他遗稿的现在。过去不知道的，现在知道了；过去不明白的，现在明白了。太晚了！为什么在他有生之年，不能发掘他，理解他，从各方面去帮助他，反而有那么多的矛盾得不到解决！悔之晚矣。"

沈从文在青春年华的时候，不顾一切地去爱张兆和，他以他的方式，给她情书，给她爱意，却在婚后，凭着他的爱好收集古董、文物，给不了她一个并不拮据的生活。平常人的爱情基于柴米油盐酱醋茶，而沈从文的爱情凌驾于炊烟之上，他为爱而生，甘愿做爱的奴隶，即使顾不上世间烟火，他也要倾心去爱。

结语

锲而不舍，金石可镂。世间有太多的事需要坚持，需要永不放弃的决心。在爱情的世界里尤其如此，两情若在久长时，又岂在朝朝暮暮，就算分开，也要坚守彼此。也许，只有这样的爱才会长久。

人生中，会有许多事情去左右我们的思绪和坚持。坚持的岁月虽然难熬，但熬过去必然是海阔天空。

你看，沈从文只有小学文化，后历任武汉大学、青岛大学、西南联合大学、北京大学文学教授。他不过是一介湘西乡人，进入大都市，也与都市文豪一样努力生活，谈何容易？但他锲而不舍地坚持写作，永不放弃……

这样的一个沈从文，不是生活的狠角色，只因为他想活下去，只因为他想写下去，还因为他想爱下去。到底是经历了怎样的青年时光，让他活出了中国文坛的一部华章？

民国大师的青涩年代

陈独秀

鲁迅

钱锺书

林语堂

林徽因

沈从文

胡 适

徐志摩

张爱玲

第六章 钱锺书

博学才子的传奇人生

　　钱锺书无疑是一位伟大的学者，被称为民国第一才子的他，将毕生的精力致力于人文社会科学研究，他对名利的淡泊以及对学术的辛勤研究饮誉海内外。他的博识多闻、言语犀利以及幽默风趣的形象都已深深留在世人的心中。

　　作为一个学者，钱锺书以高尚的形象为中国的知识分子树立了伟大的人格榜样。三四十年代，整个社会就像是一个陷入泥沼的秤砣，黑暗并且沉重，然而他却从未屈从于恶势力，运用"文学"武器，辛辣地嘲讽了那个污浊的时代。英雄虽辱犹荣，智者是不可征服的，这种不屈不挠的精神几人能有？1949 年之后，他虽在"文革"中受尽了凌辱和折磨，但是始终没有忘记他作为一个学者的使命，不走后门，不投机取巧，不计利钝，反对树宗立派，全心全意地做着学术研究。这种对自由和精神的追求，又有几个人能懂？

　　读完他的文字，总会产生一种对自由的向往和追求，那些所谓的障碍和阻挠，也会随着思想的觉悟而化为云烟。人生于世，能像他一样问心无愧，顶天立地，着实难得。

沉迷书中的才气少年

　　那一日正是 1910 年 11 月 21 日，已是暮秋，苏州河边的落叶随着秋风飘到了江苏无锡的一个大家族院子里，落在了钱家人的欢愉之中。

这院子的主人钱基博，手中抱着一个新生的啼哭着的婴孩。从未有过子嗣的伯父看到孩子的一刻更是喜不自禁，准备将孩子讨了去养。恰在此时，有人送来了一部《常州先哲丛书》，在灵感的启发下，伯父便为婴孩取名"仰先"，字"哲良"，其中有"仰慕先哲"之寓意。

当时的江苏，家家流传着一个习俗，就是当家中的儿童长到了一岁的时候，就要让孩子进行一次"抓周"，抓到什么就表示孩子的这一生会在哪一方面有所作为。不知是否出于巧合，周岁时，钱锺书在"抓周"的时候抓到了一本书，家中上下十分高兴，孩童因此正式得名"钟书"。

钱锺书自出生以来便跟着伯父一起生活，自幼就身体不好的他上学才不到半年就生了一场大病，伯父疼爱他，便让他和比他小半岁的堂弟一起在家中由自己亲自教导。

平时只有下午才上课，伯父每天早上都有去喝茶的习惯，每每去茶馆的时候，钱锺书都会乐此不疲地跟着伯父一块儿去，伯父倒也十分乐意将他带在身边，每次花一个铜板给钱锺书买一个大酥饼吃，然后再花两个铜板，向小书铺子或者书摊租借一本小说给他看。

租来的书一般都难登大雅之堂。但是对于家中没有书的钱锺书来说这已经是莫大的享受。他吃完酥饼后就开始津津有味地看书，直到伯父喝完了茶叫他回家，回到家里的钱锺书仍然沉醉在书中的世界，见到两个弟弟，就手舞足蹈、绘声绘色地向他们复述刚刚看过的故事。

说来也奇怪，钱锺书的记性出奇得好，他每次都能将书中各件兵器的斤两，或者是一些无关紧要的琐碎内容记得滚瓜烂熟。钱基博是一位十分严格的父亲，每次都会盘问儿子的功课，这向来是钱锺书最害怕的一件事，父亲每次都会趁兄长不注意的时候把钱锺书捉了去学数学，教不会，就免不了要挨父亲的一顿打，当然钱基博知道兄长疼爱钱锺书，自然从来都不当着兄长的面管教孩子。有时候到了晚上脱去衣服的时候，伯父发现了钱锺书的身上青一块紫一块，很是心疼。

年仅八九岁的钱锺书就已经展现了文化艺术方面的天赋，这时候的他爱

上了画画，常常翻开《唐诗三百首》照着里面的插画进行临摹，有时候也会临摹父亲收藏的名画。年幼的钱锺书就像所有的孩子一样，有着一个成为英雄的梦想，他特别崇拜西楚霸王，因此还给自己起了一个十分霸气的笔名——项昂之。每次画完画之后，他都会潇洒地挥笔写上这个极富有不可一世的英雄气概的大名，很是得意。这股稚气率真的赤子之心就这么一直伴随了钱锺书的一生。

11岁那年，钱锺书考取了东林小学。就是在这一年的秋天，伯父在钟书还在学校上课的时候去世，是家人将他召回家中，一路上，他不停地哭叫着"伯父"，然而那个挚爱的伯父已经不再答应。伯父的去世对钱锺书来说是一个巨大的打击，这是他从出生以来第一次遭受如此伤心的事情。

这之后，钱锺书的学费便一直由父亲承担。他在学校的日子更是苦不堪言，钟书从来不愿意跟父亲说学校要新添课本的事。但没有钱，就领不到书，再加上钱锺书自幼看书弄坏了眼睛，坐在后排的他根本就看不清黑板上面的字，所以每一节课，他都是浑浑噩噩地度过。此外，学校要用练习本写字，他也买不起，索性就用伯父生前为他订的本子。在练习英文书法的时候要用到钢笔，他的钢笔头却断了，他急中生智，把筷子的一头削尖，蘸着墨水当做钢笔用，作业自然是写得一塌糊涂，根本无法批阅，老师们都不愿意检查钱锺书的练习本。

钱锺书买不起皮鞋，每到雨天，只能穿伯父生前留下来的鞋，可是皮鞋实在是太大了，穿在他的脚上就像是一条船。他就不停地往鞋子里面塞纸团，将多出来的缝隙堵住，看起来十分的滑稽。有一次，外面下着大雨，钱锺书穿着像船一样的鞋子走在上学的路上，被路边跳跃着的小青蛙吸引了。他便将自己的鞋子脱下，把捉住的青蛙装在鞋子里面。就这样钱锺书捧着鞋子光着脚丫去上课了。

课堂上，青蛙从鞋子里跳了出来，满地蹦跶，同学们的视线都被青蛙吸引，纷纷窃笑，老师气得把钱锺书赶出了教室。钱锺书就这样混到了小学毕业，14岁考入了苏州桃坞中学，这算是一所知名的重点学校。钱锺书的其他功课都还算不错，唯独算术简直是可以用一塌糊涂来形容。这里基本都是以纯英文授课的，也是在这样的环境下，钱锺书接触到了很多的外国文学，这些内容引领他走进了一个新天地。他被西洋小说吸引，探究的欲望让他产生了一个把所有的外国名著都痛痛快快读遍的想法，从此他就不可自拔地爱上了英语，外语成绩也总是班级里的第一名。

钱锺书在寒假借了大批的外国经典名著，读得很是痛快。转眼又到了暑假，钱锺书仍然像在寒假里一样贪看小说、杂志。假期才过一半，父亲就出乎意外地回来了，回来后的第一件事情就是叫钱锺书和弟弟各写一篇文章。钟书的文章未能得到父亲的赏识，钱基博气得狠狠地将他打了一顿，这让他觉得又羞又愤。从此，钱锺书立志要奋发图强，作文因此大有进步。

皇天不负有心人，钱锺书有时不按照父亲的教导方法，而是在自己的理解上独自创新，别出心裁的方式倒也受到了父亲的赞许，他还开始作诗，但是从来都不向父亲请教。

钱锺书 18 岁以后，便不再受父亲的打，因为他的聪慧且常为父亲代写书信，他成了父亲最得意的儿子。有一次，乡里一人去世，钱锺书为其作了一篇墓志铭，这更是让父亲对他夸赞有加。对于父亲第一次的肯定，钱锺书别提有多高兴了。直到后来父亲应邀为出版社写一篇序，都是让钱锺书来完成的，结果，谁也看不出这么经典深刻的文章竟然出自一个不到 20 岁的孩子之手。显然，钱锺书的青年才气已经被不少文人墨士所认可。

被誉为"清华之龙"

1929 年，又一年清华大学的入学之季，外语系在招生时爆出了一条惊天的新闻，一位被录取的考生数学只得了 15 分，按照惯例，钱锺书的清华梦应该就此了结了。然而，尽管他的数学成绩惨不忍睹，但是主管老师却不忍心

将这个国文特优、英文满分的考生退回。因情况特殊，不敢贸然录取，随后立即给清华校长罗家伦打了一个报告。

幸运的是，罗校长亲自阅过这位特殊少年的试卷之后，兴奋异常，赞叹备至，立即定夺：此为奇才，破格录取。

罗校长的这一项决策，无疑是为钱锺书铺开了一条瑰丽的文学大道。一入清华，钱锺书便开创了一项又一项的"记录"，并且立志要"横扫清华的图书馆"。

当时清华图书馆的书种类繁多，虽然整日开放，但许多同学都晕头转向地摸不到门，钱锺书可谓是地道的行家。没多久，他就以"读书量第一"和"发表文章第一"而震惊全校师生。人们在背后给了钱锺书一个"清华之龙"的雅号。

钱锺书锋芒毕露，他是清华众多外文教授眼中的天才，颇受赞誉。叶公超教授曾经在课堂上还半开玩笑地说："以钱锺书的才华，他不应当进清华，而应当去牛津。"这句话从向来不太轻易夸人的叶公超口中说出，不免有些许嫉妒之意。就连当时精通中外文学的著名学者吴宓教授也对钱锺书赞誉有加，曾经多次当着学生的面感叹道："自古人才难得，出类拔萃、卓尔不群的人才尤其不易得。当今文史方面的杰出人才，在老一辈人中要推陈寅恪先生，在年轻一辈人当中要数钱锺书。他们都是人中之龙，其余如你我，不过尔尔。"还时常在上课之后特地询问钱锺书："Mr. qian 你认为怎么样？"而年轻气盛的钱锺书总是极为自负地对其先扬后抑。吴宓对此并不恼火，就连在得知钱锺书狂妄地说过"吴宓太笨"的时候，也只是微笑地称赞说："Mr.qian 狂，并非孔雀亮屏般的个体炫耀，只是文人骨子里的一种高尚的傲慢，这没啥。"

正所谓艺高人胆大，学富志不群，钱锺书在清华的时候多少是有些狂妄的。在与他人随便的谈话中，他从不畏惧中文系主任朱自清和哲学系主任冯友兰的学术权威，对于老师学识上的不足，也敢随意挑剔，对于一般的普通人，那更是不可一世了。

在清华曾经发生过这样一件事：有一次，年仅25岁的青年教师赵万里为钱锺书一班人讲授版本目录学，讲到某本古籍的时候，钱锺书自以为是地说："不是吹牛，这本书的版本只有我见过。"下课之后，另一个同学也议论开了："我见过的这个版本怎么同他说得不一样呢？"吴组缃在一旁听了便怂恿他们上去讲。赵万里听说这件事后不但没有生气，还将本来计划要讲的那个专题分出了八个部分让两个学生去讲。这件事也着实体现了赵万里的雅量，但是钱锺书仍然不完全认同，甚至还私下里写信反驳。钱锺书这种狂妄的个性虽不免霸道欺人，倒也显出几分率真。

显然，有许多同学在敬佩钱锺书的同时，也不免有几分害怕，正可谓是又爱又恨。因钱锺书早已形成的威势，低年级的学生根本就不敢冒昧地拜访他，新生都觉得他神秘，却更想一睹才子的风采。在此值得一提的是，他在这个时期俘获了当时已是清华研究生杨绛的芳心。当然，也有同学对才华横溢的钱锺书产生了嫉妒之情，自然很不服气。比如同学之中的许振德，因为钱锺书夺取了他在班上第一名的地位很想凭借自己的体能优势将他好好地修理一顿，以泄心头之恨。钱锺书倒也很有法子，想出了一个调皮的点子：那时候的许振德上课的时候经常往暗恋的女同学身上瞟，目光流转，暗送秋波。本来上课从来不做笔记，边听课边看闲书或画画的钱锺书便突发奇想，把许振德的眼睛向不同方向观看的眼神变化全都模仿着画了下来，并且还为这幅画作起了一个名字《许眼变化图》，还没有等到下课，这幅有意思的画作就在同班同学之间传开了，徐振德一时成为班上的笑谈。后来，许振德偶然遇到了一个难解的问题，钱锺书自告奋勇地帮忙解决，二人这才化敌为友。

后来，随着时局变化许振德移居美国，1988年回国探亲的时候，钱锺书作了一首七律《大千枉存话旧即送返美》："寥天瀛海渺相望，灯烛今宵共此光。十日从来九风雨，一生数去几沧桑。许身落落终无合，投老栖栖有底忙。行止归心悬两地，长看异域是家乡。"许振德随即称赞："图书馆借书之多，恐无能与钱兄相比者，课外用功之勤，恐亦乏其匹。"然而当他们再度旧事重提当年钱锺书玩笑所作的画作的时候，许振德还是禁不住哈哈大笑。那幅画也许是钱锺书最为得意的绘画作品。

就这样，钱锺书在清华的学习生涯告一段落。钱锺书几年来的功课考试，曾经有两个学年得到甲上，甚至还有一个学年的成绩破了清华的记录。最后一年的毕业季，华北局势动荡，学生们纷纷离校，均未参加最后的测试。尽管如此，同学们也还是精心制作了毕业手册，手册的后记也是钱锺书用英文写上去的。

爱情是本糊涂账

"我见到她之前，从未想到要结婚；我娶了她几十年，从未后悔娶她；也未想过要娶别的女人。"这三句话均是出自钱锺书的口中，他与妻子杨绛的爱情传奇，被后人视为理想婚姻的典范。

1932 年的春天，杨绛考入清华大学研究院不久，便对当时就读于本科三年级的钱锺书有所耳闻：钱锺书是个奇才；狂妄不可一世的钱锺书；博览群书，横扫清华图书馆……可是钱锺书的架子真大，一般低年级的学生根本就不敢冒昧地去拜访这个传说中的才子，很多新生对这个神秘的人物产生了好奇心，都想要一睹他的风采。

那是一个风光旖旎的日子，清香园的丁香、紫藤花盛开，幽香被柔和的春风裹挟着袭来。当时和杨绛同来清华借读的一位同学是钱锺书的亲戚，带着钱锺书来到了古月堂门外，见到了杨绛，而杨绛也终于见到了鼎鼎有名的清华才子。钱锺书穿着一件青布大褂，一双布鞋，一副老式的大眼镜架在鼻梁上。他的个子不高，面容清瘦，自然也算不上是风度翩翩，但是他的目光却炯炯有神，闪烁着机智和些许自负的神气。身为研究生的杨绛站在钱锺书的面前显得娇小玲珑，温婉可爱。

杨绛出生于名门闺秀，是上海滩大名鼎鼎的大律师杨荫杭的女儿，气质非凡不像一般女生那样爱打扮、显摆。杨绛身材窈窕，衣着朴素，面容俊俏白皙，出水芙蓉一般，自然是众男生梦寐以求的女子。

博览群书的钱锺书口才极好，再加上他那旁征博引的记忆力，以及诙谐幽默的性格都在杨绛的心中留下了深刻的印象。两人简直就是一见如故，兴致勃勃地从文学谈到了家乡。说来也还真是姻缘巧合，两家均是无锡有名的书香门第，杨绛8岁的时候竟然还曾随着父母去过钱锺书的家中拜访，两人对于文学的痴迷和追求，以及性格上的互相吸引，都加速成就了这对姻缘。

隔了几日之后，钱锺书再次写信约了杨绛见面，他在古月堂门前，眼巴巴地盯着大门，盼着那位心目中的女神。当他见到杨绛的时候，兴奋地迎了上去，啼笑皆非地说了一句："外界传说我已经订婚，这不是事实，请你不要相信。"杨绛则微笑着回应道："坊间传闻追求我的男孩子有孔门弟子'72人'之多，也有人说费孝通是我的男朋友，这也不是事实。"两人相视一笑，一段长达60余年的旷世奇缘就这样开始了。

钱锺书和杨绛在清华一起待了一年，1933年的夏天，钱锺书从清华毕业。虽然吴宓先生多次挽留他继续留校攻读研究生学位，可是却被钱锺书一口拒绝了，他狂妄地说："整个清华没有一个教授有资格充当钱某人的导师。"他觉得没有必要在同一所学校再学重复的东西。对于文学，钱锺书向来都是极为自信的。其实他选择南返还有另一个主要的原因，就是当时的日本侵占了东北，华北告急，清华的教学秩序几乎不能正常维持。许多学生都纷纷离校，投入社会的熔炉之中。

从那之后，钱锺书便应了当时在上海光华大学担任中文系主任的父亲的命令，去光华大学任教。然而那个时候杨绛还没有毕业，继续留在清华读书，这是他们第一次短暂的分开。两人便经常有书信上的往来。钱锺书作了很多的情诗，其中有一首这样写道：

缠绵悱恻好文章，粉恋香凄足断肠；答报情痴无别物，辛酸一把泪千行。

依穰小妹剧关心，髫辫多情一往深；别后经时无只字，居然惜墨抵兼金。

良宵苦被睡相谩，猎猎风声测测寒；如此星辰如此月，与谁指点与谁看。

困人节气奈何天，泥煞衾函梦不圆；苦雨泼寒宵似水，百虫声里怯孤眠。

这是一首旧体诗，却写得情真意切，思念之情溢于言表。钱锺书的诗作得极棒，但是却很少收到杨绛的回信。对此钱锺书自是有些抱怨："别后经时无只字，居然惜墨抵兼金。"杨绛虽然解释说不爱写信，但钱锺书还是有些在意，从《围城》里面的唐晓芙不爱写信就可以看出来。

父亲钱基博从钱锺书频繁的书信中看出了端倪。有一天，老先生趁钱锺书不注意的时候，偷偷地拆了杨绛的一封信，信中写道："现在吾两人快乐无用，须两家父亲兄弟皆大欢喜，吾两人之快乐乃彻始终不受障碍。"原来那封信正是杨绛写来和钱锺书讨论婚嫁问题的，钱基博看完对杨绛大加赞赏，也不过问钟书的意见擅自回信，夸她懂事明事理，并且郑重将其子"托付"于她。

这么一出事情之后，钱锺书和杨绛的关系自然被双方父母知晓，两家均是名门望族，双方父母便遵循旧礼，为二人订婚。两个人本是自由恋爱，却莫名其妙地从了"父母之命，媒妁之言"的旧礼，钱锺书觉得这事颠倒了，杨绛也稀里糊涂地成了钱锺书的未婚妻。订婚之后，他仍然在光华大学授课，而她则继续回清华完成学业。

杨绛的文采非常出众，又是大家闺秀，在清华自然是极受瞩目的。她虽已有了未婚妻的身份，但终究还是没有成婚，再加上未婚夫并未陪伴在身边，所以，钦慕她的人不在少数。但是杨绛一直都是理性而又明慧的女子，没有在清华众多男生的追求下昏了头脑，一如她的文，一直保持着内敛和娟秀。

又是一年逝去，1935年的春天钱锺书参加了教育部公费留学资格考试，这种公开招考的名额十分有限，英国文学专业就只有一个名额。钱锺书以第一名的成绩，成功获得这唯一的名额。消息传到了杨绛那里，她颇为高兴，3年前拒绝了威尔斯利女子学院的她这一次连毕业都等不及了。为了能与志同道合的心爱男子一同去梦想之地游学，杨绛毅然选择了肄业。七月中旬，钱杨两家为他们举行了隆重的婚礼。

一个月后，钱锺书和杨绛双双离开了江南，搭上了去往英国的游轮。所有的繁杂琐碎都已经尘埃落定，两人终于有了平静相对的时光。

初到牛津，离家千万里，杨绛很不习惯异国他乡的生活，思乡之情让她情绪有些低落。一日清晨，杨绛从睡梦中醒来，发现钱锺书已经在厨房里忙活了，平时常自诩"拙手笨脚"分不清左右手、不会系鞋带、生活自理能力极差的他竟然煮了鸡蛋，烤了面包，热了牛奶，甚至还泡了醇香的红茶。钱锺书把一张小桌子支在床上，这样杨绛就可以坐在床上随意地享用早餐了。吃着丈夫亲手为她做的饭菜，杨绛的心中满是幸福，那点思乡的低落情绪早已无踪影了。

在十月份牛津大学开学之后，杨绛做了牛津的旁听生。平时偶尔去听课，但是大部分时间，她都是待在学校的图书馆里。遨游在众多书海中的杨绛开心异常，并且还订了计划，比照着文学史，一本书一本书地读。偌大的人厅里面通常只有她一个人，杨绛享受着午后的阳光等着钱锺书下课后来找她，然后两人一起安静地读书。有时，学校放假，他们会去市区的图书馆，抱着一堆书本走在夜色中。

在钱锺书拿到了牛津的学位之后，两个又一起去了法国巴黎大学念书。因为自由的环境，两人看了更多的书，不仅读法文，还读德文，后来又加上了意大利文，巨大的学习量让人叹为观止。

海外求学的日子是他俩最为快活的时光，除了在一起读书之外，还一起背诵诗文，学习各种语言，读读写写，嬉嬉闹闹，两人的婚姻生活充满了悠悠情趣，羡煞旁人。

1942年底，杨绛创作的话剧在金都大戏院上演之后，一鸣惊人。这下家中的另一位才子可是再也耐不住了，一天钱锺书突然对杨绛说："我想要写一部长篇小说，你可支持？"杨绛听后大为高兴，自然是无限支持丈夫的，为了给钱锺书创造一个绝对安静的环境，她辞退了家中的女佣，将所有的家务活都揽到了自己的身上。昔日娇生惯养的富家大小姐，如今却成了任劳任怨的贤内助，钱锺书心中惭愧，但是更多的则是对爱妻的感激与珍爱。

两年之后，《围城》成功问世。钱锺书在书中说："这本书整整写了两年。两年里忧世伤生，屡想中止。由于杨绛女士不断地督促，替我挡了许多事，省出时间来，得以锱铢积累地写完。照例这本书该献给她。"

其实，钱锺书在创作《围城》的时候，上海已经沦陷，但是在艰难岁月里，夫妻两人相濡以沫，相敬如宾，始终没有放弃文学事业，钱锺书曾用一句话概括他与杨绛的爱情："绝无仅有的结合了各不相容的三者：妻子、情人、朋友。"这对文坛伉俪的爱情，不仅有碧桃花下、新月如钩的浪漫，更融合了两人心有灵犀的默契与坚守。这是多么难得的人间真情啊！

硝烟之中不失大师风骨

1938 年的秋天，钱锺书携妻子杨绛和年仅一岁的女儿回到了处于战争水深火热中的祖国。

当时日本帝国主义侵略了中国。在连天的炮火声中，北大、清华和南开三所大学纷纷南迁西移，最终搬到了昆明安顿了下来，成立了西南联大。钱锺书应昔日的导师吴宓之邀，前往西南联大教书。而杨绛的家人则躲到了上海避乱，其母亲和三姑母均在逃亡过程中被日军残忍杀害。她急于回到家中安慰悲伤的父亲，钱杨二人便从中途分开。女儿跟随妻子一道回了上海，钱锺书只身一人到了昆明。

钱锺书本来就是才高过人，如今留学归国，学术更是精进，在中国，总是枪打出头鸟，更何况钱锺书平日率性惯了，并不善于掩饰，对于与他志趣不相投之人，他也一概不放在心上，时常口出戏谑之语，不知道得罪了多少人。

钱锺书在西南联大待了不到一年，当时钱基博正好在湖南蓝田国立师范学院任教，为了照顾已经年迈的父亲，他决定到父亲的学校去任教。他于1939 年秋天前往湘西，与他一道同行的还有皱文海。

由于时值抗战初期，交通工具十分稀少，再加上沿途的旅客，他们根本无法按时到达目的地。他们在十月份就已经订好了去宁波的票，但是第二天日本人就将海口全面封锁了，直到次月才等到了船舶公司的通知。到达宁波之后，遂又乘了黄包车走了一天到车站去乘长途汽车，一路波折不断，不是买不到车票就是等待行李的运达。

刚开始，大家还会利用候车的间隙去附近走走逛逛，到后来一路的舟车劳顿就再也懒得动了。只有钱锺书却总是怡然自得的样子，将一本索然无味的英文字典在手中捧了近一个月。钱锺书看到皱文海惊奇的样子，一本正经地告诉他说："字典是旅途中的良伴，上次在去英国的轮渡上，唯一以约翰博士生的字典相随，深得读字典的乐趣，现在已经养成了习惯。"

皱文海跟钱锺书说自己生平最厌字典，宁可望文生义地胡猜，也不愿去翻查繁琐的字典，钱锺书笑着答道，在旅途中不能做系统地研究，唯有随便翻玩字典，遇到生冷的字，固然可以多记住几个字词的用法。

1300 里的路程历时 3 天终于抵达。乘客皆是"衣襟污呕吐，行李纷撞摔"，在这般情形下，旅途的艰辛便可想而知。

钱锺书在蓝田待了两年，组建了师院的外语系。小镇上的生活单调而又刻板，钱锺书除了教学任务之外，其余的时间里都是埋头读书做学问，向来足不出户。一般上午习书，到了下午就开始练字，晚上则在昏暗的油灯下写作。当然除此之外，钱锺书偶尔也会与三五好友谈天海聊。谁说上海到蓝田的旅途经历以及在蓝田小镇上的生活对钱锺书而言不是弥足珍贵的呢？正是长久生活经历的积累，让他写出了一部中国现代文学史上不可忽视的巨著——《围城》。

1941 年的暑假，钱锺书获悉清华将重新聘请他回去任教，于是便将蓝田师范学校的职务辞去，回到了家中待命。

然而不知是出于什么原因，钱锺书迟迟没有收到清华发来的聘书。其实这种事已经发生不止一次了，就在他当年辞去西南联大职务之时，当时的梅贻琦校长亲自发电报对其进行挽留，可是钱锺书并没收到过这样的电报，直到后来清华再次发电报询问为何不回复梅校长的时候他才获悉此事，但那时他已经在蓝田任教。

现在第二封信件再次离奇失踪，故伎重演，聪明绝顶的钱锺书自然明白其中因果。吴宓始终都是对钱锺书极度赏识，曾为了他和清华据理力争，称清华无容人之海量。

钱锺书本就是个心高气傲的人，连续碰了两次钉子后自然也就不愿意回到不欢迎自己的地方去了。钱锺书最终留在了上海，他和妻子杨绛还有女儿在这座沦陷的孤岛上度过了颠沛流离的八年时光。

很快，日军将上海攻陷了。杨绛的父亲不幸去世，家里的经济条件一落千丈，她赶去很远的郊区上课，把家中的佣人也都给辞退了，自己亲手料理家务，劈柴生火，自制煤饼。

钱锺书在家中爱跟女儿玩，总是"欺负"她，把好吃的说成是不能吃的东西，看到女儿发愣的样子便得意地哈哈大笑，还趁女儿和妻子在睡觉的时候在肚子或者脸上画鬼脸。曾有一次钱锺书在杨绛睡着的时候，淘气地往她脸上画了一个花脸，杨绛醒来之后将他骂了一顿，他便再也不敢胡闹，却将目标转移到了女儿的肚子上。一家人的日子虽然简单，却并没有影响他们对于生活的热情和对事业的热爱，二人的优秀作品仍是层出不穷。

钱锺书之所以能成为一代文学大家，或许和他积极、乐观的生活态度不无关系吧！

结语

乐观是人生的一味良药，它可以把人从苦海中解脱出来，无论是处在多么恶劣的环境下，抑或是多么残忍的回忆中，乐观都能带你重新找回人生的信念。

也许，我们还在感慨岁月是把杀猪刀，生活残酷地褪去了最初的繁华，她不再是当初不识柴米油盐、生活艰辛的苏州小姐，他也不再是月下吟诗作赋的翩翩少年。虽然战乱和贫穷将所有的一切都改变了，但生活中总也有些东西是亘古不变的永恒，比如钱杨的爱情，比如风骨。

无论在多么艰苦的环境下，他都乐观地坚定自己的信念，追求着自己期盼的自由和爱情。是的，那个年代的辛苦，并没有磨灭钱锺书的斗志与对生命的激情。他仍然笔耕不辍写文论著，与妻子相依红尘，甘苦与共。在硝烟纷飞的战火背景下，他依然延续学者之风骨。

民国大师的青涩年代

陈独秀

鲁迅

钱锺书

林语堂

林徽因

胡适

沈从文

张爱玲

徐志摩

第七章 钱穆

中国学术界的

「一代宗师」

钱穆在人文学科中可以称得上是一位百科全书式的学者。约 1500 万字的文学成果给中国文化研究留下了宝贵的精神遗产，受无数人敬仰。

谁也无法想象，他的治学范围广及史学与史学史、哲学及思想史、文化学及文化史、政治学与制度史、文学、教育学、历史地理学等，说他是天上的文曲星下凡也不为过。

钱穆先生的成长可谓是一个传奇，少年时代刻苦学习，自修成才，由一名乡村教师逐步成长为北大清华的著名教授，其求学精神值得后人借鉴和学习！

"最后一位国学大师"究竟是怎样炼成的？乱世之中，动荡流亡，客居他乡，他的青涩年代究竟是怎样度过的？且让我们慢慢道来……

真情少年初长成

钱穆生于清贫的书香世家。父亲有"神童"之誉，自幼聪慧过人，但因体弱多病，在三次考秀才的考场中都病倒了，因此与仕途再无缘分，之后再无意功名，于是设馆授徒。

在父亲的耳濡目染下，钱穆自幼就对中国传统文化怀有兴趣和敬意。

甲午战争时期，钱穆出生。战后台湾被割让给日本，时代的忧患激起民众的抗争，钱穆后来的治学思想也有着浓郁的爱国情怀和民族忧患意识。

青少年时期，钱穆长期蛰居于乡村，父亲施以的家庭教育，在幼年的钱穆内心中播下了一颗启发教育的种子，跟随父亲时学习到的教育方式在他后期乡村执教期间得到了发挥。他的成长道路深深浸染着父亲当年的教育方式——父亲从不对他们疾言厉色，而是以慈爱引导他们善行善思。虽然跟随父亲只有短暂的 12 年时光，但在钱穆的记忆里，父亲已经教给了他很多东西了。

一天，染有鸦片烟瘾的父亲去鸦片烟馆的时候带着钱穆，当时钱穆 9 岁。父亲的烟友看到伶俐的钱穆，便要求他背诵《三国演义》中的片段。钱穆大方得体，有声有色、一字不落地就背了下来。在背诵中，他还根据自己的理解，现场演绎了书中的人物对话，令《三国演义》中的人物角色在这个 9 岁少年口中栩栩如生地呈现了出来。父亲的朋友们都赞不绝口。钱穆对书中人物身份、个性的揣摩也极为贴切，拿捏得当。9 岁的钱穆让当时在场的人刮目相看，于是赞美之声此起彼伏。洋洋得意的钱穆期许地望向父亲，可父亲没有赞美他只言片语。

次日，父亲外出时经过一座桥，于是严肃地问钱穆"认识'桥'字吗？"钱穆脱口说"认识"。父亲再问，"桥字何旁？"钱穆答曰"木字旁"。父亲再次严厉相问"木字旁换了马字旁，是何字？"钱穆答曰"是'骄'字"。

"那么，'骄'字代表何意？"父亲再问。

钱穆已经知晓，父亲是要告诉他凡事不可骄傲。昨晚自己因为 9 岁就能背出《三国演义》而洋洋得意的态度更是像极了父亲说的这"骄"字。

听闻父言，钱穆惭愧不已。

12 岁那年，父亲去世，那时钱家已家徒四壁，只留下一些书籍。钱穆记得，当时家里值钱的东西都被卖空，连一套雕刻着《西厢记》的 24 扇楠木长窗都难逃一劫。

钱家祖训："子孙虽愚，诗书须读。"在父亲去世后，钱穆自然成了母亲要坚定不移地秉承丈夫遗志的希望。

钱穆的母亲虽然目不识丁，也许是受着丈夫那一套教育方式的影响，在家常小事中也善于对子女施以启发和教育，让子女自己去想明白一些问题，而委婉不责。

母亲拒绝了邻人建议让孩子去当学徒养家的劝告，固执而坚定地坚持着先夫的遗愿，供钱家的孩子读书。

如此，钱穆才有机会就读新式学堂。虽然最终由于生活所迫，钱穆终究未能上大学，可读书到17岁，在当时那个一贫如洗的家里已经算是极不容易的一件事情了。这要感谢顽强而坚定的母亲和她那"我当遵先夫遗志，为钱家保留几颗读书的种子"的心愿。

钱穆兄长4个，长兄钱挚年长钱穆6岁，在父亲去世之后，因为与母亲一起挑起了养家的重担。他供养弟弟们念完中学，又替弟弟们操办成家、完婚事宜。钱家兄弟间的感情也因为"长兄如父的情谊"甚是笃定。我们能理解钱穆对中国传统文化的温情与敬慕。若没有这样一个哪怕是摇摇欲坠时也用温情撑起来的家和满溢温情的家人，钱穆不可能有日后的成就，这些点点滴滴的温情在他的作品中常可体现。

1904年，钱穆进入果育小学读书，这是一所典型的新式学校。学校里的体操老师钱伯圭听闻他能读《三国演义》，于是劝他："这种书以后不要再读。此书一开首就有'天下合久必分，分久必合，一治一乱'之类的话，这是中国历史走错了路，故有此态。如今欧洲英、法各国，合了便不再分，治了便不再乱，以后应该向他们学习。"

虽然是一句平常话语，可在那时却深深地震撼了10岁的钱穆。面对着西方文化的强势入侵，中国传统文化何去何从，引起了钱穆的深深思索。

钱穆善于捕捉思索之言行，继而深深考量，是做学问的良好习惯，而这个良好习惯在钱穆10岁那年就已确定成形。

读书期间，钱穆成绩可佳，常常受嘉奖，但他从不忘父亲那次关于骄傲的谆谆告诫。

老师华倩朔以出自《战国策·燕策》的"鹬蚌相争"为题布置下作文，钱穆以战国事作比，妙得题旨。钱穆作文的结语是："若鹬不啄蚌，蚌亦不钳鹬。故罪在鹬，而不在蚌。"华倩朔老师给钱穆的作文评语是："结语犹如老吏断狱。"老师的称赞使钱穆得以升级。

1907 年，钱穆升入常州府中学堂。学校的训导长和蔼可亲，教学方式循循善诱，言传身教，很受学生敬重和爱戴。后来换了新的训导长，规章制度过多，引来学生联名反抗，最终酿成学潮，大家不得不失学在家。一心想念书的钱穆也不得不回到老家。

当时的校长对钱穆印象深刻，很是欣赏钱穆的聪明才气，还专门给钱穆的哥哥写信，让钱穆申请复学。后来复学申请是递交了，可遭到新的训导长的反对。爱才的校长先生亲自再写申请，推荐钱穆到南京私立钟英中学就读。

之后时局动乱，武昌起义之后，校方宣布解散，师生全部离校。无奈之中，钱穆乘最后一班火车离开上海回到了家乡，结束了他的求学生涯。那年，他才 17 岁。

从父亲的三度考试开始，到学潮之后的失学，再到失而复得的中学录取，直到最后因武昌起义而辍学，钱穆的求学之路可谓是一波多折。

钱穆身边对他有些许了解的人都说，他无论做任何事情，都能提得起，放得下，洒脱自在，不为外物所累。大抵而言，钱穆青年时期的诸多经历，造就了他如此的性情吧。

黎明前的黑暗

1910 年，恰逢武昌起义，钱穆当时就读的南京私立钟英中学停办，因此，17 岁的钱穆辍学。

很多人的一生貌似就是如此了，辍学之后，娶妻生子，庸庸碌碌，然后终了一生。可钱穆并不甘心，虽然不能继续念书，他依然钻研学习，不断地扩充自己知识的深度与广度。

辍学之后，虽有不能再继续上大学深造的遗憾，但钱穆并不消沉丧志，一边在乡间小学执教，一边利用闲暇之时，自学传统经、史、子、集之书。

18岁便为人师的钱穆，用早年父亲的教育之路，以循循善诱之方法引导学生，深受学生和家长的拥护和爱戴。且自创的教学方法改良了教学质量，取得了一定的教学成果，也受到学校的一致好评。

不管是写作还是教学，钱穆都从不间断思考与研究。他从来不会停滞不前。20出头，钱穆在阅过《墨子》之后，便写成《读墨阇解》《墨经阇解》两文。钱穆自以为已经有所得，但之后又读到《墨子间诂》的时候，便有"如初生婴儿对七八十老人，差距太远"之叹。

也许正是这样一点一滴的审视，又或者因为父亲早年的日益熏陶，不骄不躁的钱穆很是珍惜点点滴滴的进步，但他并不张扬，内敛地执着钻研，不断上下求索。

乡村教师的工作，枯燥无味。自律性极强的他，教学之余，清晨必读经、子难读之书，夜晚读史籍，中间则泛览杂书。他曾说："我只是一路抹黑，在抹黑中渐逢光明。所谓光明，只是我心中感到一点喜悦处。因有喜悦，自易迈进。因有迈进，更感喜悦。如此循环不已，我不敢认为自己对学问上有成就，我只感得在此茫茫学海中，觅得了我自己，回归到我自己，而使我有一安身立命之处。"

他曾在《中国文化史导论》中这样表示："心中不求空间之扩张，惟望时间之绵延，绝不想人生有无限向前之一境，而认为当体具足，循环不已。"十几年的小学教师生涯，打牢了他的学术根基，他人生中的怡然自得的那份恬静与淡然也是在这个时期练就。自学的融会贯通，更是将他的心智历练到极好。对学生的教学，亦是对他自己本身的提高。若没有他的勤奋，他窥见不了国学那扇门。因此，唐君毅才称之为"独立苦学，外绝声华，内无假借"。

古人说得很对，"吃得苦中苦，方为人上人。"钱穆12岁时父亲离世，他无法依靠那个清贫的家，只有靠自己。他一边做着乡村教师的工作讨着生计，一边独立苦学，勤于钻研，在黑暗中寻找着那一抹光亮，继而才不断充实并完善自己。

泛舟乡村，待到厚积薄发时

钱穆 17 岁辍学，18 岁开始教书生涯。10 年的乡村小学教师生涯之后，28 岁才开始在厦门集美学校任中学老师。

当时的乡村小学，几乎一个年级就一个班，一个班级的学生、教师都住校，师生朝夕相处，起居饮食都在一起。

一天，钱穆靠近宿舍窗边而卧，夜晚的明月照亮了寝室，钱穆不经意间一脚踢在了床边墙壁上，他脑袋里灵光闪现，"臂与壁都是形声字，辟属声，但臂在身旁，壁在室旁，凡辟声似皆有旁义。如此联想下去，如避，乃走避一旁。璧，乃玉悬身旁。嬖，乃女侍在旁。劈，乃刀劈物分两旁。躄，乃两足不正常，分开两旁，盘散而行。于是悟出凡辟声皆有义，这就是宋人所说的右文。"

这一闪的灵光并没有瞬间消散，钱穆继续想到了好几例形声字，"如或字，从口乃指民众，从戈乃指武装，口下一划，乃指土地。加一口则为国，增一土旁则为域，实则或字中涵有国字、域字义。"

次日的国文课上，钱穆讲到了月光下的所思所得，恰逢县里派来的督学视察听课，对于钱穆的善思所得给予大力赞赏，该督学后又专门在县刊上发文表彰乡教钱穆的乐学善思之举。

任教期间，钱穆不仅仅对学术有所善思，对自身的生活习惯也不时检视，以便严于律己。钱穆从小就爱好抽烟，水烟、旱烟、香烟在他指间乐此不疲地缭绕着，且日渐有了难戒的烟瘾。钱穆偶然读到课文中有规劝人戒烟的文章，于是开始三思。自己不戒烟倒是没什么不得了的，但是自己何以夹着个烟斗来教学生们不要抽烟呢？思量之后，钱穆深知言传身教的重要性，于是痛下决定，一定要戒烟，否则自然是教不好学生的。戒烟的决心一下之后，此后的数十年都未再犯过烟瘾，这善思带来的"痛改烟非"自然是极不容易，又坚定不移的。

如果说钱穆的教学有方，精勤读书是善有所思而来，那么他在学问上的小有成就，更与这"善思"二字脱离不开关系的。古今中外，还未有一人，不因善思而变得卓越。而钱穆却是如此淋漓尽致。小学任教期间，他在教授《论语》课时，精读《马氏文通》，仿其体例，积年写成《论语文解》一书。

之后，钱穆担任小学校长，从书本教育转到行政教育。任校长3年期间，他不断改革教学方法，将枯燥的课本知识结合生活进行教学，废除体罚学生，循循善诱以智慧善导学生，每项改革在当时的教育上都颇有成效。教学质量日渐增长，学生家长都信任、爱戴他。

改革之余，钱穆并没有停滞不前。他苦读书籍，笔耕不辍，一有闲暇便开始撰述。常有文见诸报端，且皆以大一号字登在头版。

新思想、新潮流纷至涌来，钱穆决心重温旧书，不为时代潮流所挟。他不是守旧，也不是蛰居乡村，排斥新思想。他不仅热爱着当时人们的思想风骨，也关心时事，关注新思想、新学说。钱穆悉心阅读《新青年》当期的新文化类文章，"五四"新文化运动时期，上海罢市，梅村县师生围村演讲，新文化运动在中国大地上狂飙突进之时，他声泪俱下的演讲深深地震撼了人们的爱国之心。

婚姻之路颇坎坷

钱穆先生一生结了三次婚。第一位太太难产而死；第二位太太两地分居，独立养育了儿女；第三位太太知己相随相伴，在钱穆失明的晚年，依然听他口授，执笔助他成书。

钱穆的结发妻子无锡后宅邹氏，在他34岁那一年因难产与婴孩相继去世。

之后他与第二位太太张一贯育有三子二女。抗战时期，钱穆随北京大学南下，从广州到香港，都是只身一人弃家远走，子女均由知识女性张氏抚养成人。

他的第三任妻子胡美琦，是江西南昌人，二人在台湾相识，1956年与钱穆结为夫妇，未孕育子女。

不管别人说什么，钱穆的情怀是深存于心中的。对父母的感恩，对妻子的理解，对兄长的扶掖、帮带之情，他都没齿难忘。

从20多岁开始，钱穆就开始练习静坐。《师友杂忆》中曾记载了他自己的多次静坐经历：

> 余时正习静坐，已两三年矣。忆某一年之冬，七房桥二房一叔父辞世，声一先兄与余自梅村返家送殓。尸体停堂上，诸僧围坐诵经，至深夜，送殓者皆环侍，余独一人去寝室卧床上静坐。忽闻堂上一火铳声，一时受惊，乃若全身失其所在，即外界天地亦尽归消失，惟觉有一气直上直下，不待呼吸，亦不知有鼻端与下腹丹田，一时茫然爽然，不知过几何时，乃渐复知觉。又知堂外铳声即当入殓，始披衣起，出至堂上。余之知有静坐佳境，实始此夕。念此后学坐，偻时得此境，岂不大佳。一日，余站梅村桥上守候自城至荡口之航船，呼其停靠。余上船，坐一老人旁。老人顾余曰："君必静坐有功。"余问何以知之，老人曰："观汝在桥上呼唤时，双目炯然，故知之。"余闻言大慰。

静坐的健康性在中医中常有提及，它是一种最佳的休息方式。因此钱穆才说："余因此悟及人生最大学问在求能虚此心，心虚始能静。若心中自恃有一长处即不虚，则此一长处，正是一短处。余方苦学读书，日求上进。若果时觉有长处，岂不将日增有短处？乃深自警惕，悬为己戒。求读书日多，此心日虚，勿以自傲。"

他从事学术活动，必须要保证充沛的精力，尤其是演讲，一场下来，气

力耗费甚多，若没有长此以往的静坐，他无法负荷那般巨大的工作压力。无可否认，持之以恒的静坐给钱穆带来了充沛的活力和精神。

钱穆人生多遭变故，幼年失父，妻儿皆殁，兄长亦逝，让钱穆因而有感："人生不寿，乃一大罪恶"，于是他极其注重生活中的饮食起居和生活作息。

生活中的钱穆，很注重健康管理，在即使只有20多平米的家中，他也喜欢摆放很多花草植物，或欣赏花草，或伸张拳脚，总之在伏案一两个小时，他就会起来走一走，动一动。

钱穆喜欢围棋，但不喜与人对弈。比起与人在棋盘上杀个天昏地暗，他更喜欢摆棋谱。在太太心情沉闷的时候，他常常摆一盘棋，夫妻对下，与太太解闷儿。

除此之外，在胡美琦的眼中，钱穆是个懂生活情趣的人，他浪漫，乐观，朝气蓬蓬，喜欢大自然，喜欢夜晚的月亮，喜欢在阳台上看海，喜欢在山上看落日，喜欢旅游，喜欢春夏秋冬这些自然的季节变化，身边的一切一切都令他兴味无穷。

正是这些平常小事，累积了一个又一个幸福的气球。在那段相濡以沫的漫漫岁月里，生活中的情趣是需要用心、用明亮的眼睛去一点一点发现的。生活的美、情趣，生活的温情和我们对生活的敬慕如钱穆一样，都在这些平淡的生活中，平常的小事里。比如摆一盆盆栽的花，与亲眷体味着一场意味无穷的四季，出席一场风花雪月的浪漫。

结语

"书山有路勤为径，学海无涯苦作舟。"蛰居乡村执教期间，钱穆无师友点化，也少有学友切磋，在乡村那片泥土中，他不断自我思索，求上进，摸索教学方法，所思所想植入点滴学海。慢慢地，才从乡村泥土中渐存学问，学而不厌之后，渐入生命的定力之中，为后续他在学识学术上的厚积薄发奠定了扎实的基础。若没有这乡村执教的 10 年，可能钱穆的一生会与现在不同。

　　钱穆生逢乱世，早年体弱多病，居于贫寒之家，过着流徙颠沛的生活。以自己的聪慧，勤力，从一个辍学的学生，到一介乡村教师，再到北大清华的讲师，少年时期未曾圆满的北大清华梦，中年时得以实现。其走过的风雨历程，点点滴滴都实属不易。

　　钱穆的一生，淡泊名利，谦虚好学，在为人及学术方面均具魅力，使人敬仰不已，由此被誉为"中国最后一位国学大师""中国 20 世纪最伟大的国学大师"。

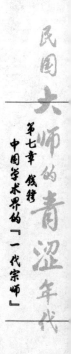

民国大师的青涩年代

第七章　钱穆

中国学术界的「一代宗师」

民国大师的青涩年代

陈独秀

鲁迅

钱锺书

林语堂

林徽因

胡适

沈从文

张爱玲

徐志摩

第八章 林语堂

闲适幽默的哲人

想到《京华烟云》，便想到他——林语堂。作为中国现代著名学者、文学家、语言学家，他于1940年和1950年两度获得诺贝尔文学奖的提名，获美国哈佛大学文学硕士，德国莱比锡大学语言学博士，回国后在北京大学、厦门大学等大学任教，也曾任联合国教科文组织美术与文学主任、国际笔会副会长等职，可谓成绩不凡。

他生性幽默，谈吐诙谐，是大家眼中公认的"幽默大师"。他倡导的文学风格与他的创作都具有幽默的特点。他一生铸就了极高的文学成就，散文、小说以及评论多有涉猎，主张文风"清淡""隽永""甘美"，作品常被外界评为具备"性灵""闲适"的特点，脱离各大文学形式，自成一派。

求知欲旺盛的青春

1895年10月10日，林语堂出生在福建省漳州市平和县坂仔镇的一个普通牧师家庭。虽然家庭不够富裕，但林语堂从小就迷恋中国文学，并且上学期间一直是刻苦认真的好学生。

10岁那年，林语堂和两个弟弟离开家乡到厦门读书，这完全是父亲的主意。父亲虽然只是一个牧师，却很注重孩子们的教育问题，一定要让他们到教学质量有保障的学堂念书才行。因为两地相隔很远，所以林语堂暑假未能回家，那是他有生以来第一次离开母亲整一年的时光，但他很快就适应了独自在外的生活。在学校，他积极投身各项活动，甚至学会了赤脚踢从哑铃上锯下来的木球。

很快，就到了回家的日子。能回家还是着实让三兄弟感到兴奋，尤其在临近家门的那刻，看到母亲慈祥而熟悉的脸庞，孩子们从内心感到亲切。早饭吃过以后，孩子们认真擦洗地板，父亲便像个儒生一样开始坐在桌子的一头，讲起那听来好似深藏奥秘的《诗经》，里面有很多旋律优美的情歌。可是阅读和听精彩作品的时间总是有限的，墙壁上的钟表很快就指到了11点，孩子们又得一起忙着去帮忙准备午饭。而到了晚上，他们又会聚到一起读书。

那个时候，林语堂跟他的二姐关系最好，二姐在他的童年时期给予了他很多帮助，并且让他深刻地了解到教育的意义。

十几岁的林语堂是一个略有才气、但不守规矩且很喜欢恶作剧的孩子。很多时候，几个兄弟姐妹们都在一旁认真刻苦地学习，他却故意在院子里玩闹。但二姐很有包容心，总是像个母亲一样照顾和教育他，使他的童年时光有了另一层却母爱之外的温暖。说起这个二姐可真的很了不得，她读过很多外国的经典，如史各德、狄更斯、柯南道尔的著作，甚至是《天方夜谭》，跟二姐接触多了，林语堂多少也受到一些文学熏陶。

有一次，他俩在读过霍姆兹和一些法国作家的侦探小说后，还曾一起编写了一个以他们为主题的长篇侦探故事，当他们站在母亲面前朗读这个故事时，脸上闪耀的是自信的光彩。在少年林语堂的心里，姐姐就是个天才，让他由衷地欣赏和崇拜。

这么有才的姐姐在厦门读完高中以后，向林语堂的父亲提出想要继续到福州女子大学深造。但因为家里兄弟姐妹众多，父亲无法承受这沉重的支出，所以不予支持——尽管他心里认为女孩子接受高等教育百分之百是件好事！可是这又是位极其善良的父亲，某次他听说上海圣约翰大学可以学到全中国最正宗的英文，便不惜卖掉自己在漳州唯一的房子，筹集了林语堂二哥就读这所大学念书的学费。一家人得知此事，都沉默了，然后默

民国大师的青涩年代

第八章 林语堂
闲适幽默的哲人

默地流着眼泪。

也是从那个时刻起，林语堂知道这是父亲能力的极限，也是在这个问题上，他明白了一个道理，由于家庭困难，父亲采取的决定是儿子们可以上大学，女儿们则不可以。在那个时代，这个被迫的决定是如此残忍与不公。

到了二哥毕业可以赚钱的时候，家里人提议让林语堂前往圣约翰大学攻读，但即使是这样，也是靠父亲放下面子从朋友那里借到一百银圆才得以实现。于是，某年秋天，林语堂便与家人一同乘船西下，二姐嫁入一个村子，他则去上海求学。那一年，林语堂16岁。在去上海之前，他在二姐嫁人的村子里停留了一天，临走的那刻，二姐从新衣的口袋小心翼翼地掏出四角钱，含泪对他说："和乐，姐姐因为是女孩，没有机会去读大学，你有这么好的机会千万要珍惜。要用功读书做个好人，一个有用的人。"

两年后，林语堂的二姐在一场瘟疫中病死了，但他时常忘不了那天二姐对他说的那些话。

当时的圣约翰大学已经很有名气，几个国际上响当当的人物多是从那里走出来的，比如颜惠庆、顾维钧。进入大学以后，林语堂才知道，这里的确是全中国当下学习英文最好的地方，但这里培养学生的实质却是要将他们变成买办，做上海大亨们的助手。

课余之外，他会常常到图书馆阅读、取经。这里大概有五六千本图书，而神学书籍占了其中三分之一。那个时候，图书馆在他心中占有不可估量的重要地位。他喜欢有着很棒的图书馆的大学，哪怕这座学校并不是那么知名。年仅16岁的他就懂得：学问做得好坏全在于一个人的内心。他说自己的心里住了一只小猴子，这只小猴子渴望能进入果实丰满的森林，只要进入这片森林，不用告诉它任何事情，它必然能够有所收获。那时候，除了上课他整日放纵小猴子在森林中游荡，读达尔文、赫克尔、拉马克，同时也不放松运动，网球、足球都有涉猎。在获得满头脑知识的同时，他也拥有了一个十分健康的体魄。

青春的心总是澎湃的，少年林语堂渴望吸收一切。大学二年级的暑假他回到家中，和父亲一起研究《圣经》，他已经有了很客观的看法，他认为应当把《圣经》当文学来读。对农夫去说这样的话，确实显得有些多余，可是当问到他这个问题时，他最先想到的也便是这样一个观点了。

他曾对父亲说起耶和华，说他是一位部落之神，他的观念是进化的，先是部落所崇拜的偶像，后来又到万国万民的独一真神，没有哪个民族是特别"被选"的。他的独特看法让父亲很是诧异。

林语堂学习的方式与别人不同，但不可否认，他依旧是位对待功课很认真的学生。快到考试的日子，当其他同学扎堆背书，他却带着鱼竿独自到河边垂钓。因此，在成绩公布出来之后，他常常是第二名。不过对此他并没有半点懊恼，而是觉得很安心。

在中学读书的岁月，林语堂很喜欢中国历史，但进入大学就没心思了，因为这里的第一语言是英文，一心不能二用，很快他就被英语吸引了去。也许是从小受到父亲的影响，他此时的志向是做一位牧师，于是便在大学的神学院进行了注册。但在学习神学的过程中，他却无法真正做到遵循神学的一切，于是渐渐失去了兴致，最后学督告诉他自己不适合学习这门课程，在考虑了一个晚上之后，林语堂彻底离开了神学院。

由于在圣约翰学习英文很努力，所以只花了一年半的时间，林语堂就说得一口流利的英文，并且被任为 ECHO 的编辑。之所以这么快就掌握了英文，林语堂有一个独特的秘籍——一本袖珍牛津英文字典。这本字典是将一个词在一个句子里的各种用法举出来，由此对整个英文句子的理解更到位、清晰。因为这本字典体积很小，他随身携带，到任何地方都可以阅读一下，由此将很零散的时间利用了起来。

在圣约翰大学的学业结束后，林语堂的英文已经很厉害了，但是却很遗憾地将国学落下了，为此，他又重新鼓起精神，学习国文。从圣约翰毕业，他便一头扎到中国的最高学府清华大学去了。刚进去的时候，他还曾因为不知道孟姜女的故事而被周遭同学狠狠嘲笑一番。

为了雪耻，他开始认真研读国文，第一本书是《红楼梦》。他学习国文的

方式也十分新颖有趣，不是去找任何名人，而是找到卖旧书的琉璃厂，在那一排排的旧书铺子里阅读，拼命地学习，有时会和店员聊聊书。到后来，通过这种方式，他掌握和了解了很多国文知识。

哈佛求学进行时

民国六年到民国七年（1917-1918年），文学革命的风暴冲击着整个中国，胡适已在纽约开始提倡"文学革命"，陈独秀则在猛烈地攻击儒家思想对妇女的束缚与不公正对待，林语堂同时又接触到了更多的外国作家的作品，比如易卜生剧本《傀儡之家》、王尔德的唯美主义以及萧伯纳的戏剧。先进的知识让他了解到此时的中国在很多方面都是落后于其他国家的，人们应该更多地鼓励青年学生去接受全新的思潮，而不只是埋首于书本，最后只能做个什么都不懂的书呆子。

胡适在1918年回到北京时，林语堂作为清华大学的一名教员迎接了他。俩人似有些"相见恨晚"的感觉，胡适很喜欢他写的文章，而林语堂也一直都敬重其为人。从那次见面后，他们成了很好的朋友，这样美好的关系一直维持了很多年。

因为在清华大学教书，林语堂每月可有40美金的"半额奖学金"。清华有可把毕业生送去美国的特殊校规，经过一番思考林语堂决定到美国留学深造。当时，林语堂已经结婚成家，他带着太太的一千银元嫁妆，俩人一同踏上了出洋的旅途。在国外的那段日子，林语堂与胡适总有联系，期间还曾获得过胡适先生私人支付的2000元补助。当然，这是他日后回到国内才知晓的真相，此前一直以为是北京大学的公款。那时候他才知道，胡适对待自己，真可算是仁至义尽，更令他心生许多感激。

留学美国期间，林语堂在哈佛上大学，当时他的学习成绩很优秀，每科成绩都是 A。当时他进的是比较文学研究所，那里有知名教授 Bliss Perry 和 Irving Babbitt（白璧德）先生，还有另外一位教授教意大利文。Bliss Perry 教授是个很有趣的人，每个学生都很喜欢他。这人也喜欢有才华的学生，于是对林语堂多少有些关注。林语堂曾写一篇名为《批评论文中语汇的改变》的文章，被教授赞扬，说这篇可写成硕士论文。

白璧德先生对中国现代文学品评有极其深刻的影响。后来，娄光来和吴宓继承了他的这种学说，并将他的学说带到了中国。在林语堂看来，这二人对待文学的观点也都还正统，而当时正在风行的却是白话文，这多少看起来有些格格不入。在林语堂看来，他也很反感中国那固定的、很老套的文体观念，不能理解为什么一篇文章要打落在一连串文章句法严格的"法规"之中。他看到古代很多优秀的文人在进行创作时，根本就是抛开这些束缚人发挥能力的条条框框，只是随意写来，如行云流水。因此关于文学创作，他心里并不存在任何固定的写作手法。

哈佛大学里的教授夫妇对待外国学生都很客气，也很愿意帮助他们。绥尔太太是被指定照顾林语堂夫妻进行社交生活的，她是威尔逊总统的女儿，丈夫则是哈佛的教授。这位太太为人善良和气，总会在周末的 12 点钟来拜访他们。当时，林语堂夫妇正住在赭石街。他们有时间也会过去拜访绥尔夫妇。

在美国哈佛大学读书一年之后，因为系主任偶然看到了林语堂在圣约翰大学读书时期的考试成绩单，那满眼的"A"让他感叹这个中国来的学生真是个人才。于是系主任便极力推荐他去德国的殷内辅修莎士比亚戏剧，在此期间，不用在哈佛继续上课也能获得硕士学位。听到这个消息，林语堂感到兴奋不已，既有机会到别的国家继续学习，又可以保证不延误学业按时拿到学位，这真是再好不过的一件事。他满心欢喜，从美国出发，踏上了又一段全新的求学旅程。

梦幻般的三段恋情

在林语堂的少年时期，青春懵懂的心里第一次住进了一个美好的女孩儿，她的名字叫赖柏英。因为彼此是亲戚，初次见面就发生在柏英家。按照辈分，柏英应称语堂为"五舅"。

可那时候的林语堂长得又瘦又小，柏英一看他和自己个头儿差不多，就不愿意开口叫人，惹得林语堂想装出小大人的样子，却让两人都哈哈大笑起来。

柏英家住在半山上，每逢遇到赶集的日子，她就早早爬起床，下山来找林语堂玩耍。小小的竹筐里放着母亲亲手制作的糕点和一些蔬菜。

语堂也不是个爱睡懒觉的孩子，知道柏英要来，一早就在村口等着她了。远远地就看到女孩儿瘦瘦小小的身影一步步走过来，于是林语堂赶紧朝着她所在的方向不停地挥手，"橄榄，橄榄，在这儿！"

赶完了集，剩下的就是两个人可以独自相处的时间啦。

作为长辈，林语堂常常带着柏英到溪边捉鲦鱼和螯虾。他们常把鞋子脱掉，小心翼翼地趴在河岸上，盯着河面上冒水泡的地方仔细看，一盯就是一两个小时。林语堂自豪地说，这是大人们教的法子，水面上气泡越多的地方，就有越多的鱼虾。

别看林语堂讲起规矩来门门是道儿，可是真的抓起鱼来，却是怎么也不及柏英，她从小就是山里娃，对这种东西司空见惯，况且她身手又很敏捷，林语堂一个转身的空当儿，她手里就抓到了一条肥美的鲜鱼。

几个回合下来，林语堂急出了一身大汗，"我不玩了，一只也抓不到！"他说着把篓子一扔，在一旁的空地上坐下来。

"我分你一半，别闹，你看，又有鱼来了！"年纪上略微小一些的柏英，此时倒像个姐姐一样，心平气和地安慰起"弟弟"来。一听到有鱼群，林语堂又来了精神，连忙追问哪有鱼群的影踪。

坂仔的春天阳光明媚，到处盛开了鲜花，山坳上红的一片，粉的一片，姹紫嫣红，风景十分美好。每到这个时节，林语堂与小柏英就会一起捉蝴蝶，看那些有着五彩翅膀的精灵儿不断地飞在花丛间，忽高忽低，他们真心觉得欢乐极了。即便最后没能顺利地捉到一只蝴蝶，光是这满山秀美的风景，就令他们心神陶醉了。

愉快的少年时光总是短暂的，随着知识的一天天增长，林语堂渴望去外面见识更广阔的世界。他甚至幻想能够和自己最心爱的柏英一同出国留学。而当他有天对她提出这样的想法，她却沉默不语。

虽然，她也对外面的世界充满了好奇，但她从来没有真的想过要离开从小到大生活过的这片土地，何况她那年纪越来越长的双目失明的祖父，无时无刻不需要她的倾心照顾，她怎么能自私地丢下他就这样走掉呢？她试着说服林语堂留下来，她问："世界上还有比我们这儿更美的山谷吗？你已拥有了这些山，也可以得到我。为什么你一定要出国呢？"

这句话把他问住了。这完全不符合他对未来的构想，完全不符合他对爱情的感觉。那一时间，他心里有些失落，心也跟着黯淡了下去。

林语堂意识到，自己已经跟柏英不是同一世界的人了。他见识了繁华美丽的大上海，那里有很多人跟他一样热爱文学事业，光是那些干净、整洁的街道就令他魂牵梦绕。而柏英却是从未离开过大山，她以为这里是她的根，是她的人生。

林语堂望着她那清秀的脸庞，想要告诉她外面的世界究竟有多美好，可是，自始至终却无法言说。

面对爱情与事业，他们最终都做出了万不得已却是唯一能做的正确选择。

犹如梦幻一般美好的初恋，就这样画上了句号。

那年，这个神圣的日子终于到了，而命中那位美丽的女神也就翩然而至。彼时，林语堂在上海圣约翰大学进修读书，机缘巧合之下，遇到了一位名叫陈锦端的女子，此人相貌清丽，性格文静，似一块小石子投入林语堂那原本平静的内心，搅起一池春水。她是他同学的妹妹，端庄，文雅，还画得一手好风景画，让他一下子就着了迷。

那时的林语堂，青年初长成，玉树临风，一表人才，在学校里又是无人不知的风云人物，一人可平揽三种个人奖章，又有着不俗的谈吐。这样的翩翩少年又怎会不引人注目？他不知道的是，在他深情注视这位美丽的女子时，她也将灼热的目光投向了他。

很快，两个人就陷入了疯狂的热恋中，像是良材遇到了肥沃的土壤，生长茂盛的大树正欲节节拔高。有了情感的注入，林语堂的生活顿时变得丰富起来。

对这段感情，林语堂是相当投入的，情之所至，他时常会妙语连珠。

一次，在聊天的过程中，他对锦端说："世界是属于艺术家的，艺术家包括画家、诗人、作家、音乐家等。这个世界透过艺术家的想象，才有光有色有声有美，否则只不过是个平凡为求生存的尘世。"

"那什么是艺术？"端坐在一旁的锦端问。

"艺术是一种创造力，艺术家的眼睛像小孩子的眼睛一样，看什么都新鲜。将看到的文字以画表现出来，那便是艺术。"林语堂说，"我要写作。"

"我要作画。"看着爱人那异常坚定的眼神里充满了艺术创作的渴望，锦端说。

就这样，他们彼此交流对艺术的看法与评价，共同的兴趣爱好将双方的心拉得更近，在交流的过程中亦从彼此的身上发现了美的存在。锦端在林语堂的心中，简直就是女神。

美好的日子在滚滚的热恋中缓缓流淌，而林语堂心中，早已编织了一个只属于他和锦端的关于才子佳人的美丽梦想。

然而好景不长，二人热恋的事情很快就被女方的父亲得知了。陈锦端出身名门，父亲陈天恩是当时一个了不起的企业家，一手创办了造纸厂、电力厂等多家企业，是厦门数一数二的巨富。此前，林语堂曾多次造访陈家，经验老道的陈父一眼就看出他是要追求自己的女儿。陈天恩自恃家境丰裕，而林语堂虽有些才华却终究只是穷人家的孩子，这根本入不了他的法眼，对这桩婚事他是极力地反对，多次进行阻挠。

林语堂不知道的是，在他还未曾与陈小姐相识时，其父已做主为女儿物色了一个名门大户的子弟，那边对陈家的条件也十分满意，这门亲事很快就要促成。

对这突如其来的打击，林语堂感到莫名的恐慌。他食无味，寝难安，整日整夜身陷在对陈家小姐的相思中，无法自拔。虽然随着情势越来越严峻，他可能已经意识到这段感情将会夭折，但一想到从此就再也无法与自己最爱的女子厮守，还是痛苦万分，甚至在父亲面前痛哭流涕。大姐听说了这件事，冲着林语堂一顿劈头盖脸，"你怎么这么笨，偏偏爱上陈天恩的女儿？你打算怎么养她？陈天恩是厦门的巨富，你难道想吃天鹅肉？"

姐姐的话瞬间让林语堂清醒了。他是才子，早就听闻过"门当户对"这回事儿，只是爱上一个人的时候总以为爱情的伟大可以冲破一切的障碍，让俩人最终在一起。但到他和锦端这里，却发现旧俗是无法改变的，他作为一个凡夫俗子，只有遵守。

就这样，林语堂与锦端就此失之交臂，从此再无姻缘。这段悲剧的爱情成为林语堂一生的伤口。随着时光渐渐远去，那位美丽的少女被他封存在心中的某个角落，成为一段逝去的回忆。

失去陈锦端，林语堂很快便与陈父介绍的廖翠凤订婚了，两人婚后也算恩爱。因翠凤此前就对他心怀爱慕，成家后对他更是照顾有加。林语堂是一个懂得感恩的人，妻子为自己所做的一切，他都看在心里。渐渐地，尘埃落定，日子又越过越顺心，他不禁对眼前的这个女人充满了感激。

身为妻子，廖翠凤是知道林语堂的心思的，但她从不乱吃醋，甚至有时面对女儿的质疑，还曾大方地说："你父亲是很喜欢你陈锦端阿姨呢。"他们之间，没有那种不明是非、无理取闹的争吵，有的是一团和气，她既选择了嫁他，就用一生的温柔相待；他既选择了娶她，也会用心待她。张爱玲与胡兰成相恋时，曾渴望"现世安稳，岁月静好"，然而什么才是真正的"现世安稳，岁月静好"，恐怕就是林语堂夫妇这般吧。

廖翠凤身上所具有的品德正是中国传统女性的温良恭俭，而林语堂所拥有的，却是一种文人式的自由天性。或许，她永远都不是他对爱情的第一幻想，但却是她给了他一个温暖又实在的家，让他有条件、有精力去更好地进行自己的文学创作。晚年的林语堂，似乎对这种才华过人的文人和一个平实精明的女人在一起的生活有了实实在在的感触，恰恰就是那个平实精明的妻子最具有生活的智慧。

作为一代文学大师，他心里有占据文学地位的娇娘子，比如《浮生六记》里的芸娘。她与沈复恩爱有加，达到了貌合神也合的完美境地，"红袖添香夜读书"，那样娇弱的一个美娘子，却总是陪着自己的夫君读书求学，鉴画作词；还有明末清初的李香君，钦佩她身而为女子，却大义凛然，敢于怒斥魏忠贤的干儿子们。

比起上面两位丈夫深爱的奇女子，廖翠凤只是个普通的家庭妇女。她不懂打扮，不懂时髦，只穿一件寻常的粗布麻衣，就可以为一心埋醉于文学世界的丈夫，从容、坚定地撑起一片天。

在总结两人的婚姻有何制胜秘诀时，他们一致相信婚姻的和谐无非在于"给"与"受"，不求回报的给予，才能拥有完美的婚姻。翠凤还说："不要在朋友的面前诉说自己丈夫的不是；不要养成当面骂丈夫的坏习惯；不要自己以为聪明；不要平时说大话，临到困难时又袖手旁观。"

听到妻子这样说，林语堂亦是满满地感慨："婚姻生活，如渡大海，风波是一定有的。婚姻是叫两个个性不同的人去过同一种生活。女人的美不是在脸孔上，是在心灵上。等到你失败了，而她还鼓励你，你遭诬陷了，而她还相信你，那时她是真正美的。你看她教养督责儿女，看到她的牺牲、温柔、谅解、操持、忍耐，那时，你要称她为安琪儿，是可以的。"

结语

一代文学大师林语堂，留下的是珍贵而闪耀的文学思想。他对文学的那份执着与坚守，他对爱情与婚姻的那份淡定与清醒，就是到今天，依然是我们这辈青年人学习的典范。

他也曾年轻，也曾轰轰烈烈地追求梦想；他也曾失意，也曾对爱情感到绝望；但时光荏苒，最终还是变成了一个儒雅、淡定和对婚姻忠贞的人。

林语堂的幽默，是对生活深刻体会和对人生深入思考的结果。他从生活中感悟到：既然不能改变，何不乐观地从容面对？

民国大师的青涩年代

陈独秀

鲁迅

钱锺书

林语堂

林徽因

胡适

沈从文

张爱玲

徐志摩

第九章 胡适

新文化中旧道德的楷模

　　说起胡适这位赫赫有名的大师，首先我们想到的便是他所倡导的新文化运动。就是这么一位著述丰富，在文学、哲学、史学、考据学、教育学以及伦理学等诸多领域都有深入研究，并且曾获得诺贝尔文学奖提名的中国现代史上著名学者，在刚 20 岁时，也曾在上海有过一段"吃喝嫖赌"的堕落生活。

　　在新文化运动中胡适回答陈独秀时说："此事之是非，非一朝一夕所能定，亦非一二人所能定。甚愿国中人士能平心静气与吾辈同理研究此问题，讨论既熟，是非自明。"如先生所言，可见他是一个"瞻之在前，忽焉在后"的人物。自古以来，人们对于胡适的评断褒贬不一。人非圣贤，先生自然犯过很多的错误，但胡适于学术史的贡献是毋庸置疑的。

来自母亲的鞭策

　　胡适是在安徽徽州府绩溪出生的，自幼便成长于满是山地的贫瘠小村庄。这样的地方，当时全年的农产品只能给当地人供给 3 个月，为了生存，徽州人大都选择离家经商。经商开阔了当地人的眼界，得一时之先，所以有一些如朱熹、江永等徽州的学者能够在中国的学术史占一席之地。胡氏世代都居住在这么一个被群山怀抱、山清水秀的小小盆地里。

　　胡家本来以经商为主，直到清光绪六年的时候，胡家在上海川沙镇拥有的两间茶庄，总值在 298 万文左右。胡适的父亲是先学了经商随后才正式定下来读书的，最后又入了仕途，当了知州。

胡适在年仅两三岁的时候就开始在父亲的教导下学习写方块字，背诵《三字经》和《千字文》，到了3岁便正式进入私塾学习。父亲胡传去世的时候，胡适还不到5岁。

在此之后，母亲便担负起了教育胡适的重任，冯氏生前受丈夫的影响很深，她对丈夫的人品和学问十分敬重，她时常用从丈夫那里学来的古文知识来教育儿子，特别是用《论语》中："君子求诸己，小人求诸人"这句话来教育胡适要学会日省和自律。

南方的冬天并不比北方暖和，胡适的家乡冬天异常寒冷。这种情况下，胡适就十分不乐意在早上从温暖的被窝爬起来去上学。有一日早晨，窗外的风刮得呼呼作响，窗户上也都结满了冰凌子。七点半已经过了，小胡适把脑袋缩在被窝里面。母亲在外屋做好了早饭，就喊胡适起床，但是喊了大半天也没有听到回应，就气呼呼地进屋掀开胡适的被子："适儿，要是再不起床，上学就该来不及了。"

胡适被母亲的突袭惹得很不高兴："娘，你难道没有听见外面刮着这么大的风吗？太冷了，我不去了。"

母亲和颜悦色地劝说着赖床的胡适，可是不管母亲怎么说，胡适一点也听不进去，干脆将整个脑袋都缩进了被窝。母亲见胡适不听话，一下子怒从心来，但她还是努力压制着自己的脾气，尽量温和地说："你父亲在世的时候，就经常说，一个人如果任由着自己的性子去，不能对自己有点自我约束是成不了大事的，你现在就因为外面刮了一点点的风就不想去学校，你还对得起你的父亲吗？"

闷在被窝里的胡适这回听到母亲提起了父亲，顿时意识到自己的行为伤了母亲的心，也想起了父亲平时对自己的严厉教导。于是一骨碌地翻起身从床上跳了起来安慰母亲道："娘，你别伤心了，我去上学就是了。"就这样，冯氏遵循着丈夫的遗志，时常教育儿子要学会自律。同时还以曾子的名言"吾日三省吾身，为人谋而不忠乎？与朋友交而不信乎？传不习乎？"

来鞭策儿子。每天临睡前，冯氏就坐在胡适的床沿上，叫儿子站在窗前自我反省：今日说错了什么话，做错了什么事，是否按时完成了今日该完成的事。并教导儿子向他父亲学习："我一生只晓得你的父亲是一个完全的好人，对自我严格要求，每天都会静思反省。你要学你的父亲，不要丢了他的脸。"胡适谨记母亲的教导，以父亲为榜样，无论早晨有多冷，他都会按时起床，天刚蒙蒙亮的时候就赶到了老师的家门口拿钥匙，一个人在私塾里静坐读书，等待老师和同学到来。

胡适的童年就是这样在母亲的督促下度过的。胡适的童年生活是孤独的，没有父爱，生活在大家族中，难免会受到哥哥姐姐的压制。他成人后隐忍的性格，想必与童年的生长环境是脱不了干系的。

成年后的胡适曾这样回忆他的母亲："如果我学得一丝一毫的好脾气，如果我学得了一点点待人接物的和气，如果我能宽恕人，体谅人，我都得感谢我的慈母。"除了这些潜移默化的影响之外，冯氏对胡适的教育也是费力颇多的，其中包含了三点：

其一，为胡适缴纳了昂贵的学费，请先生给胡适讲书。绩溪的蒙馆学费并不是很多，每个学生每年只送两块银元，但是冯氏一年就送去了6块银元，以后每年都会有所增加，最后一直加到了一年12块。这样，两位先生就得给胡适详细地讲解每一个生字的意思，使得胡适打下扎实基础。

其二，胡母要求胡适每天都要拜孔夫子。蒙馆的墙壁上挂了一副吴道子画的孔子像，每晚放学的时候都要求学生对孔子像行一个礼。有一天，胡适自己在家中做了一座小孔庙，胡母知道后十分高兴，给胡适准备了一张小桌子专供孔子，还给了胡适一个铜质的香炉，每逢初一和十五，就叫胡适焚香礼拜。

其三，胡母对胡适的管教向来十分严厉，却很注意方式。即使胡适做错了事，胡母也从来不会在别人的面前打骂儿子。犯的事小，她等到胡适第二天睡醒的时候再加以教训；如果犯的事大，胡母也是等到了晚上夜深人静的时候再对胡适进行责罚，从来都不会让外人听见，很好地维护了胡适的自尊心。

母亲对胡适的教育很是用心良苦，正因如此才锻造了胡适和气、宽容的性格，才让日后的胡适成为"新文化中旧道德的楷模"。

风雨飘摇求学路

胡适之所以能够如此的受人追捧，除了他为人谦和、一生涉猎广泛、著述等更加令人叹为观止之外，他竟然头戴了 36 顶博士帽，这不仅堪称"中国第一"，在世界上也是极为鲜有的情况。

胡适在 14 岁的时候，随着三哥到上海梅溪学堂去求学，由于听不懂上海话，再加上没有写过文章，就被学校编到了最差的一班。有一次，国文老师在课堂上面讲解古文的时候，随口将"传曰：二人同心，其力断金"说成是《左传》上的话。这个时候，胡适已经在上海待了将近半年，大致可以听懂上海话了。他记下了老师讲错的地方，等到下课之后，他轻轻地走到老师的讲桌前，低声告诉老师那个"传曰"其实是出自《易经》的。老师对此十分惊讶，将眼前这个一身乡下打扮的学生从上到下地好好打量了一遍，遂又询问了胡适读过哪些书，胡适老老实实地回答了老师的提问，并且在老师的要求下当即做了一篇文章。老师看过之后很是震惊，第二天，他就被调到了二班。

胡适在上海的第二个年头，才 15 岁的他就发表了自己的白话小说《真如岛》，并且还主编了《竞业旬报》。

1909 年秋天，胡适所寄身的中国新公学解散了。这是自从胡适 15 岁来到上海第一次体会到了生活的无助。"余自十月一日新中国公学沦亡以来，心绪灰冷，百无聊赖。"然而正是在这个时候，家中又发生了不幸，就那么一点薄产，兄弟还要分家，母亲病倒，亲人亡故。这对胡适而言无疑是雪上加霜的事，只有十八九岁的他生活陷入了潦倒不堪的境地，他感到前途一片迷茫，对未来失去了信心。

在胡适的生活陷入窘境的时候，他遇到了一帮只专心吃喝玩乐的损友。所谓近朱者赤，近墨者黑，"跟好学好，跟衰学衰"。情绪一低落，朋友一教唆，胡适就跟着他们自甘堕落了，整日沉迷于看戏、打牌、逛窑子的活动中。

学坏了的胡适便跟这帮狐朋狗友一起吃喝嫖赌，简直就是五毒俱全。

据他当时自云："我那几个月之中真是在昏天黑地里胡混。有时候，整夜的打牌；有时候，连日的大醉。"

俗话说得好，祸兮福之所倚，胡适的思想在整日的糜烂生活中发生了转变，他觉得这样下去对不住他的母亲，且丢了父亲的脸。于是，胡适狠下决心要告别那几个月来的颓废生活。之后，对于这几个月的放荡生活，胡适做了深刻的忏悔，从此洗心革面，重新做人了。

1910 年，19 岁的胡适前往北京参加"留美公款"考试，最终以优异的成绩获得了出国留学的资格，同年 9 月份，胡适赴美学习。

1916 年的 11 月，胡适凭着自己的努力顺利地通过了哥伦比亚大学的哲学史的初级考试和笔试，并且取得了"博士候选人"的资格。次年 5 月份，胡适参加了博士学位的最后考试，为了拿到博士学位，胡适开始忙起了自己的论文出版事宜。正在此时，国内的新文化运动进入了水深火热的境地，陈独秀发来了一封电报，催促胡适尽快回国。

接到电报的胡适也顾不上是否可以拿到博士学位，就毅然回国，但是最终没有拿到博士文凭的他还是有些遗憾的。

胡适并没有因此放弃他的博士梦，自 1938 年 9 月就任驻美大使开始，到 1942 年 8 月卸职为止，在短短的 4 年时间里，他总共接受了 27 个荣誉博士，这些荣耀占到他一生中所领荣誉博士的 70% 以上。这些成就对于一路波折走来的胡适而言，来之不易。

风流才子情也多

当胡适才 14 岁的时候，就奉母亲之命与江冬秀订婚。胡适对于包办婚姻制度很不满意，到了上海之后，他便开始用笔作为武器，撰写文章，对封建的包办婚姻制度进行抨击，呼吁女性的解放。但是胡适始终没有勇气违抗母命，走出自己的婚姻怪圈。

在胡适 18 岁那年，母亲命令他从上海回老家结婚，胡适以求学要紧，并且没有能力承担起家庭责任为由，坚决拒绝办这桩喜事。这件事就一直拖到了胡适从美国回来担任北京大学的教授，那一年胡适 27 岁，他为此还曾作诗一首："记得那年，你家办了嫁妆，我家备了新房，只不曾捉到我这个新郎。这十年来，找了几朝帝王，看了多少世态炎凉。锈了你嫁妆剪刀，改了你多少嫁衣新样，更老了你和我人儿一双。只有那十年的陈爆竹，越陈便越响。"

胡适觉得，这桩婚姻如果继续拖下去的话，就太对不住母亲和江冬秀了。

当胡适 1901 年考取了公款留学之后，母亲曾多次叮嘱他要注意男女之间的交际，提前为胡适打了一针"预防针"防止他的思想产生什么变故，胡适在给母亲回信的时候提到了要打破封建，放开江冬秀的小脚，让她读书习字。江家也害怕这桩婚姻有什么变故，遂请了私塾先生到家中教江冬秀识字。最终，江冬秀终于可以和胡适通信，不用别人代劳了。

1917 年的秋天，胡适终于在获得哥伦比亚大学的博士学位之后被聘为北京大学的教授，面对那桩包办婚姻也再无拖下去的借口。他只得尊奉母命，同年的 12 月份在家乡同江冬秀举办了婚礼。

胡适无疑是一个勤奋的学者，终日伏案读书研究学问或者是撰写文章，然而江冬秀对于胡适这般的勤奋完全不以为意，她根本就无法体会到丈夫这种读书的快乐以及对学问的痴迷，隔三差五就找了朋友到家中打牌，家里总是乱哄哄的。但是胡适却从未有过抱怨。他们在一起生活四十多年，一直被外人奉为美谈。当然，胡适也闹过不少的绯闻，说他一生有不尽的女人缘一点也不过分。

当年，胡适在美国求学的时候，结识了青年画家韦莲司。韦莲司是胡适就读的康奈尔大学地质教授亨利的小女儿，胡适是在应邀参加一个派对的时候与比他大六岁的韦莲司邂逅，两人一见如故，在彼此的心中均留下了深刻的印象。

两人时常相约月下散步，湖边谈心，双方都被彼此的才华所吸引，胡适痴迷于韦莲司身上那股洒脱而又独立的个性。韦莲司是与艺术打交道的，而胡适则是文质彬彬，有着深厚的文化底蕴，两人经常谈论艺术以及天下大事，感情在不知不觉中逐渐加深。

那是胡适第一次走进女生宿舍，为此他精心地打扮了一番，对出入初恋情人韦莲司的闺房，胡适的心中充满了新奇感。他告诉韦莲司，这是他到美国来之后第一次与年轻女子有所接触，也是有史以来第一次走进女生宿舍。大约一周之后，胡适顺利地大学毕业并且获得文学学士学位，次日，韦莲司就带领胡适一道去教堂观赏西方的婚礼。回去的路上，两人讨论东西方文化和伦理上的差异，胡适深受韦莲司的启迪，思想发生了巨大的转变。

第二年的秋天，胡适转入了哥伦比亚大学就读，他和韦莲司时常通信，短短两年的期间，胡适给韦莲司写的情书将近有一百多封。

此后，身处异地的两人时常以书信往来，互诉衷肠。1933 年，当胡适作为文化使者应邀访美时，这对有情人终于有机会重温了旧梦，若他们没有身处当时的那个封建社会，想必早已经步入了婚姻的殿堂。

在胡适的感情世界里，后来又闯进了另一位去美国留学的中国才女陈衡哲。

当时的胡适正在筹办一个留学生的杂志，而正好这个时候陈衡哲给胡适的杂志投稿，身体力行地支持胡适的新文化运动。胡适从陈衡哲当时写过的很多白话诗歌和白话小说中仿佛找到了知己。就这样，短短半年的时间，胡适和陈衡哲就通了大约 40 多封书信，就在陈衡哲以为自己就要美梦成真的时候，胡适却不得不回来就与江冬秀办理婚礼，伤心的陈衡哲纵然心中有万般的无奈，也不得不退出，并同他人结婚。

后来，胡适为自己的第三个女儿取名为素斐，这个名字同陈衡哲在美国的英文名同音。

1921 年 7 月 31 日，胡适在日记中记有这样的话："得冬秀一信，知叔永、莎菲新得一女。因重到鸡鸣寺，作一诗贺他们。"诗曰：

> 重上湖楼看晚霞，湖山依旧正繁华。
>
> 去年湖上人都健，添得新枝姊妹花。

最后一位与胡适有过绯闻的才女，是一位十分隐秘的人物，那便是与另一位才子共结连理的陆小曼。胡适平时是个热心肠的人，喜欢成人之美，当他亲自为徐志摩和陆小曼点"鸳鸯谱"的时候，自己却尴尬不已："情人结婚了，丈夫不是我。"

到底是怎么一回事呢？有传言说，最初看上陆小曼的人是胡适，但是由于无法同太太江冬秀离婚，陆小曼才将目标转向了徐志摩。

事实上，陆小曼和胡适之间的缘分颇深，刘继兴在《胡适遗稿及秘藏书信》里发现了陆小曼写给胡适的六封信，均为徐志摩去世后陆小曼所写。里面就有这样的句子：

> 我们虽然近两年来意见有些相左，可是你我之情岂能因细小的误会而有两样吗？你知道我的朋友也很少，知己更不必说，我生活上若不得安逸，我又何能静心地工作呢？这是最要紧的事。你岂能不管我？我怕你心肠不能如此之忍吧！
>
> 我同你两年来未曾有机会谈话，我这两年的环境可说坏到极点，不

知道还许说我的不是，我当初本想让你永久地不明了，我还有时恨你虽爱我而不能原谅我的苦衷，与外人一样地来责罚我，可是我现在不能再让你误会我下去了，等你来了可否让我细细地表一表？因为我以后在最寂寞的岁月愿有一两人，能稍微给我些精神上的安慰。

"我还有时恨你虽爱我而不能原谅我的苦衷"，这样的句子足以表明两人关系并不一般。

结语

李敖先生说过：胡适先生走进了地狱！

然而历史似乎闪现过这么一段时间，他一直被责骂，几乎成为了公敌，他究竟是什么样的人？

胡适平时偏向庄重的生活，但也是个崇尚自由的人："我没有嗜好则已，若有嗜好，必沉溺很深，我自知可以好色，可以大赌。"

年轻时的胡适随朋友一起寻花问柳，过"自以为然"的生活，这就注定他是一位忠于自我的人。所以，他的成长无关乎立场，无关乎楷模，那只是一种人生态度和生活方式的选择！

陈独秀

鲁迅

林语堂

钱锺书

林徽因

胡适

沈从文

张爱玲

徐志摩

民国大师的青涩年代

第十章 梁实秋

一代文学大师

印象卷语

　　梁实秋是中国现代文学史上著名的理论批评家、作家、英国文学史家、文学家、翻译家，是国内第一个研究莎士比亚的权威。他曾与鲁迅等左翼作家笔战不断，一生给中国文坛留下了两千多万字的著作，其散文集创造了中国现代散文著作出版的最高纪录，是当之无愧的文学大师。

　　他的一生都在创作与翻译，历经40年，把《莎士比亚全集》翻译成中文，怎能不令人惊叹？不仅如此，他还编纂了多部外国字典，这样的成果令许多人称道。试想，没有钢铁般意志的人，如何能完成这些工作量巨大的工程呢？

　　品读梁实秋其人其作，心里总会燃起一种由衷的钦佩，也许，这就是大师的魅力。

政治评论引发的逃亡之旅

　　铮铮汉子，这4个字可算得上对梁实秋青年时期最贴切的形容。

　　在日寇咄咄逼人入侵中原的时候，他义愤填膺地写下了很多鼓舞世人的政治评论。他甚至将慷慨激昂之词带到了自家的饭桌上，对着当年还不谙世事的大女儿说："孩子，你明天吃的烧饼，就是亡国奴的烧饼。"

　　其爱国忧国之心，溢于言表，即使在家人面前，他也并不遮掩。

　　他在《回忆抗战时期》一文中提到："民国二十六年七月二十八日，日寇攻占北平。数日后北大司事张忠级先生匆匆来告：'有熟人在侦缉队里，据称你我二人均在黑名单中，走为上策。'"

他的激越言辞惹怒了日本人，当时的情形很是危险，与他一起逃离的还有叶公超等人。为了互相保护，他们虽然一起逃离，但一路上都装着互不认识，一路上均未发一言。

在大家都认为文人走上政治道路最终不会有好结果时，梁实秋却不听朋友的劝告，认为"个人之事曰伦理，众人之事曰政治。人处群中，焉能不问政治？故人为政治动物，不过政治与做官不同，政治是学问，做官是职业。"之后，他便大义凛然地选择了入世的道路。

可梁实秋还是想得太过天真，他想以学者之眼光关照着政治，哪知当时的时局，结局早已注定，他会屡次碰壁。

日后，他写道："好不容易抗战胜利结束，大乱又起，避地海曲，万念俱灰。无补大局，宁愿三缄其口。"这句话真实地反映了他以学者之心，在政治面前的层层叠叠的无奈。

梁实秋曾与鲁迅等左翼作家笔战不断。这一论战从开始到结束，一直持续了8年。鲁迅先生斥梁实秋为"丧家的资本家的乏走狗"，毛泽东也认定梁实秋为"为资产阶级文学服务的代表人物"。

梁实秋当时是新月派的代表，鲁迅当年正在和其他左翼作家撰文论战。梁实秋南下之后提出的与抗战物管的文学主张，受到了进步作家的批评，争论之后，梁实秋的名声即不再好听。

留美洗礼

有人评论梁实秋"两脚踏中西文化，一身处新旧之间"。3年的留美经历，让梁实秋对中西文化和新旧文化都有深度的研究。从翻译莎士比亚剧作中可见梁实秋的兴趣。他对西方著作的评论，成就更多一点。

他的评论《亚里士多德的〈诗学〉》《何瑞思之〈诗的艺术〉》《评〈沉思录〉》《汉烈的〈回意集〉》《怎样读〈英国文学史〉》《辛克莱尔的〈拜金艺术〉》《玛丽·玛丽》《读〈文明的跃升〉》《读〈历史研究〉》《大街》等都很有代表性。

梁实秋就读的清华大学，在 1923 年这一年，一共有 60 多个毕业生赴美留学。起初，梁实秋并不热衷于去美国，当年，他和好朋友闻一多曾有过一些担心——他们这等人到美国去了会不会被汽车撞死。后来闻一多比梁实秋早去美国一年，来信说"我尚未被汽车撞死"，也劝说让他有机会就出国去开开眼界。于是他才去了美国。

1923 年 8 月，梁实秋赴美留学，在科罗拉多泉的科罗拉多学院学习。1924 年入哈佛大学研究院。在美国哈佛大学研究院学习时，他深受新人文主义者白璧德影响。白璧德教授偏爱秩序、稳健、理性，抵触偏激、冲动、非理智的言行，了解中国传统文化，通晓儒道著作，很受当时的学生喜爱。

梁实秋说："自从听过白璧德的演讲后，对于整个近代文学批评的大势约略有了一点了解，就不再对于过度浪漫以至于颓废的主张像从前那样心悦诚服了。"

他的信念转变，他敏锐地去审视"五四"新文化运动，认为应该用历史的眼光去重新看待这一场运动。

在代表性论文《现代中国文学之浪漫的趋势》中他认为，中国新文学存在浪漫主义混乱倾向，主张在理性指引下从普遍的人性出发进行文学创作。

留学期间，中国留学生合租了公寓，大家轮流打扫居室，做饭洗碗，过着"共产主义的生活"。

轮到梁实秋做饭的时候，他很爱做北京地道的炸酱面，炸出的酱味飘香，惹得哥伦比亚大学留学的朋友来玩，吃腻了西餐的他们非要吃梁实秋的面才肯走，但是面少人多，梁实秋解决的办法就是往面里放了很多盐，这样大家都不抢着吃了。

整天聚在一起的宿舍生活，也是多姿多彩，闲暇之余，大家为了传播中国文化，选了《琵琶行》，梁实秋负责翻译。中国文化博大精深，要在翻译时，保持原汁原味的精髓很是艰难，没有超高的文学素养和外文功底是不行的。可梁实秋翻译出来了，他出演了男主角，冰心任女二号，闻一多也跑来布置场景和设计。

大家绘声绘色地演绎，引来了不少教授和文化界的人来围观，之后还上了报纸。这一次文化演出给了大家极大的鼓舞，梁实秋趁热打铁，和大家一起成立了中华戏剧改进社，决心用戏剧形式改革中华文化。

留美之旅带给梁实秋的是学术和语言的精华，学成归来之后，自然还是要不忘国粹之本。对于当时喝过洋墨水的留学生来说，一般都是学成归来，满是西化和洋派之风，但梁实秋举手投足之间还是地道的中国情结。

刚从美国回来没多久，梁实秋就用起了毛笔写字。抗战结束之后，不得已之时，他才又拿起钢笔。梁实秋在穿着方面也是极其地道，千层底鞋，长袍马褂，叠裆裤，还绑腿带子，一点也不西洋化。

留学时期练好的英语，他也从不在家中使用。讲课满口英文，流利而准确，但在私下句句说得是北京话。

因有之前的婚约，当时程季淑在国内等他成婚，梁实秋放弃了可以用5年的奖学金，待了3年，21岁时，他从美国哈佛大学硕士毕业，然后回国。

那时候的人们一旦结合终其一生都会相守在一起。程季淑不顾自己渐渐年长，叔叔们的催婚，毅然地守着彼此的约定。梁实秋也不顾自己难得旅美机会，尽管还剩余两年的机会，也提前回国了。

爱情染色婚姻

梁实秋说：以爱情为基础的婚姻，乃是人间无可比拟的幸福。所以，他的情感生活很是灿烂。

梁实秋如那个时代的很多人一样，也经历过父母的包办婚姻。虽然当时他是新潮青年，可也期待着这包办婚姻。

原配夫人程季淑出身名门，其涵养和气质在他们初次约会时，就抓住了梁实秋的心，之后他们定了终身，育有三女一子。

程季淑是一个识大体、明事理的知识女性，温柔，贤惠。梁实秋结束了8年的清华学习之后，要赴美留学，一去就是好几年的时光。程夫人隐藏起自己的儿女情长，全力支持未婚夫留学，在他们共同的人生岁月里这道关键的坎上，她理性地拿捏轻重，帮梁实秋做出了明智而正确的决定。基于她的这种品质，梁实秋对她的爱更为坚固。他们定下三年后结婚的约定，梁实秋便开始了他的留学之旅，而程季淑亦开始了她的守望之旅。

但是相爱的岁月，总是过得眨眼飞快。1927年，学成归来的梁实秋依照约定，和程季淑在北京举行了婚礼。

婚后国内开始战乱，四处奔波中，梁实秋不忍程季淑辛苦劳累，加之她又有了身孕，于是她正式从一个职业女性回归家庭，开始了名副其实的家庭主妇的生活。丈夫在外面做事情，她在家里操持家务，在他们共同的家庭中，一起分享着各自人生的喜悦与苦恼。

翻译莎氏，志在必得

年轻时期的梁实秋，举家四处奔波的日子常常上演，在上海生活了3年之后，又迁居到青岛。之后他又受胡适先生之邀回到北京，任教于北大。在北京，一家人并没有安定多久，1937年抗战爆发，为了躲避日本人，梁实秋当即写下遗嘱，只身一人开始了逃离的生活。此后，他又辗转到南京、重庆，与家人分离了长达6年之久。

在那段动荡的岁月里，梁实秋一方面疲于奔命，一方面勤于论著，不断地积累着学术的力量。

梁实秋为人豁达幽默，结识的朋友很多，譬如闻一多、季羡林、冰心、徐志摩、吴文藻、梁思成等。他们这群朋友，多有共同的生活和革命经历，在美留学期间，他与冰心、闻一多等互为良师益友。

1930 年开始，在胡适的倡导下，梁实秋开始着手翻译莎翁全集，历时 37 年，以一人之力翻译出完整的《莎士比亚全集》，成为中国迄今为止独自一人翻译莎翁全集的第一人。

莎士比亚译作中，每部剧前都有详细的序言，以及剧中严谨不苟的注脚和释义，字字句句读来均可看到梁实秋的用心和赤诚，也足见他极深的文学造诣和功夫到家的英文水平。

当年胡适先生物色了闻一多、徐志摩、陈西滢、叶公超和梁实秋五个人，制定了翻译莎士比亚全集的计划，预计在 5-10 年内完成这个庞大的计划。梁实秋对这个计划很感兴趣，他一开始就很积极，也首当其冲地承担了一部分任务，还制定了详细的实施计划。

此后，其他人员相继退出，只有梁实秋还一如既往地跟进着这个计划，他的命运已经与莎士比亚紧紧地联系在了一起。他以难以置信的韧劲坚持着这项没有一分钱的译文工作。

虽然胡适后来也退出了翻译计划，但他一直关心着梁实秋的进度。有次在他出差美国的时候，还拿着梁实秋刚译完的译本《亨利四世》，说看看能不能一气呵成地读下去，当时胡适还信誓旦旦地对梁实秋说，当全集译文结束之后，他还要给梁实秋开酒会呢。可惜后来再无机会了。梁实秋只翻译了10 本，抗战就爆发了。

战乱中，梁实秋的翻译工作停止下来，忙于流亡的他居无定所，忙于生计之余，无更多精力再做翻译。

战争结束之后，梁实秋回到北京，继续开始翻译工作。一天，年过七十

的父亲拄着拐杖到梁实秋的书房，询问他莎士比亚作品的翻译进展时，梁实秋才心生忏悔地思索已经荒废了8年了。父亲鼓励他继续下去，斩钉截铁地对他说："无论如何要译完它。"

后来，梁实秋一家去了台湾，生活安定下来之后，又每天计划好翻译2000字。即使是挥汗如雨的大热天，他也雷打不动地坚持这一项翻译工作。按照计划行事，若当天遇事耽搁了，隔天加班加点也会补上。

翻译莎士比亚的著作极为辛苦，因为全部是古英文写作，每翻译完一剧，梁实秋就将手稿交给妻子，由妻子用纳鞋底的锥子在稿纸上打好洞，再用大针缝成线装订成的书。如果说没有梁实秋先生的勤力坚持，就不会有莎士比亚的论著译文。同样，没有妻子的鼎力相助和鼓励，也不会有莎士比亚的论著译文。妻子没有埋怨他因为兴趣而不去挣钱，妻子从来没给过他压力，全力支持着他的各项工作。

所以后来，梁实秋回顾他翻译《莎士比亚全集》的经历时说："使我能于断断续续30余年完成莎士比亚全集的翻译者，有三个人：胡先生、我的父亲、我的妻子。我翻译莎氏，没有什么报酬可言，穷年累月，兀兀不休，其间也很少得到鼓励，漫漫长途中陪伴我体贴我的只有季淑一人。"

结语

梁实秋以不可思议的顽强毅力，于1967年终于翻译完了莎士比亚作品37册全集。之后一年的时间，他还译完了莎士比亚的3部诗集。至此，梁实秋翻译的《莎士比亚全集》40册算是名副其实地完成了。这个奇迹极大地震撼了中国文化界。若没有深厚的文学造诣和扎实的英文功底，梁实秋可能也无法驾驭

《莎士比亚全集》。

梁实秋青年时期养成的这份执着和坚持，开启了他成功而充实的一生！

民国大师的青涩年代

陈独秀

鲁迅

钱锺书

林语堂

林徽因

胡适

沈从文

张爱玲

徐志摩

第十一章　陈寅恪

独立之精神，

自由之思想

陈寅恪，中国现代最负盛名的诗人之一，还是著名的历史学家、古典文学研究家、语言学家。清华百年历史上，他是四大哲人之一，另外三位是叶企孙、潘光旦、梅贻琦。在清华任教时他被称作"公子的公子，教授之教授"。

在民国众多做学问的国学大师里，陈寅恪可以堪称是知识渊博的一个，倘若他自称世界第二，那么，没有人敢说自己是第一。他一生兢兢业业，为祖国的文化建设付出毕生心血。尽管在战乱时期，他与妻子大部分时间都过着颠沛流离、食不果腹的生活，但面对命运的坎坷与刁难，他从来都没妥协过，从未中止过对学术的追求。

也正是一路都有一位体贴、善良的妻子相伴，才让他的人生更加完美。这对携手风雨的伉俪，在炮火连天的战争年代用信念和实际行动，向世人证明了他们爱情的坚贞。陈寅恪笑说自己的爱情是第四等的，可是竟不知天下有多少对有情人想要拥有这第四等的爱情。

才学始自少年

1890 年，陈寅恪出生于一个书香门第。祖父陈宝箴 21 岁得中举人，其文才与品格深受曾国藩赏识，称他为"海内奇士也"。此人刚正不阿，具有强烈的爱国主义感情。陈寅恪的父亲陈三立，同样是才学出众且具有民族英雄气节的人。他在古文写作方面很有才华，兼有《后汉书》《三国志》的绵密精炼，又含蕴着桐城派注重义理、行文雅洁的特点，自成一派。

在祖父和父亲的熏陶下，陈寅恪从小就对经学、史学、文学等科目产生了浓厚的兴趣。陈家向来勤奋好学，家中收藏种类丰富的藏书，让陈寅恪流连忘返、乐在其中。他身上所具备的那种为人敬仰的道义和气节，也是从先辈那里继承来的。

12岁的时候，陈寅恪便跟随着兄长们游学日本，从此踏上长达20年的异国求学之路。在各个国度求学的时刻，他总也保持着高度的学习精神，总是慕名追寻那些拥有一定名气的学府和教授。除了认真研读课本上的知识，更细心观察研究所到之处的风土人情，在别人认真攻读学位的时候，他却对这些虚幻的名利一点也不在意。

中国学术界特别是文史学界在三四十年代，一直存在两个完全不同的流派，即所谓的"土产学者"和"出洋学者"。这两个流派都很看不起对方的学术。但奇怪的是，这两个学派在一件事情上的看法保持着高度的统一，那就是他们都很由衷地推崇陈寅恪先生。

这是因为陈寅恪从小受到家庭文化的熏陶，对旧学有一定的了解和理解，而且通过多年的苦学也更能领悟中国学术的传统精神；另一方面他在对于西洋新观点、科学方法的研究上同样拥有极深刻的造诣。单单说他的语言，所精通的不下二三十种，英语、法语这些常用语种自不必说，令人敬佩的是连满文、阿拉伯文、印度梵文……也都十分精通，甚至是在死于历史文明发展过程中的文字。由于精通许多语言，他在看书学习的过程中，很少像别人那样遇到一些不能解决的困难。在背诵经书方面，陈先生也是很不一般，一般人能背诵四书五经已经算是相当了不起，而陈先生能够熟记十三经，并且对每个词句都"必求正解"，烂熟于胸。

除此以外，陈寅恪还能解决很多外国学者所感到非常棘手的问题。一次，有个苏联学者在外蒙古考察，发掘到三件突厥文碑，看不懂上面写了什么内容。他听人说清华的陈寅恪先生博学多才，就托人联系，果然，经过陈寅恪先生的讲解，外国学者们茅塞顿开，豁然开朗，这令他们感到惊讶。更

民国大师的青涩年代

第十一章 陈寅恪
独立之精神，自由之思想

为惊奇的是，对于所谓的"唐蕃会盟碑"，外国很多著名的学者比如法国的沙畹都不能看懂，但陈寅恪先生却能如实地将其内容翻译下来，这令在场的诸位都不禁心生佩服，击节赞叹。

陈寅恪的才华似乎是从身体里沁出来的，无论什么类型的名牌大学，他都没有去进修过。可是在他的言行举止中，满满才华的味道自然而然地散发出来。古语说"腹有诗书气自华"，陈寅恪的"腹内诗书"是从哪里来的呢？

读书这件事在陈寅恪身上反映出来的是乐趣加上家庭氛围的熏陶，文凭对于他来说也许只是个附加品，而他花心思去做的只有学问。这一品质也反应在他进入清华大学的授课上，对于传道授业解惑，他是热衷的。诸如讲到"五胡乱华"时，他不会去讲述这其中发生的一些"乱伦"帝王关系，尽管这些很可能为他带来更多的学生，他讲的反而是朝代夹缝中的战争观和中国的文化观和历史观。这样虽然不能吸引一些外行的学生来听，但是会推动学术事业前进。

在教课读书上，陈寅恪先生保持着严谨的态度，在接人待物上也是如此。根据一位友人的记述，有次他去到陈先生的家中做客，待他去的时候，陈先生已经十分端正地坐在椅子上了。屋中还有两位先生，他们三人一同向陈先生鞠躬，完了之后陈先生毫无所动，没有还礼也没有开口讲话。行完礼后，陈师母才请大家坐下吃茶。

而对待自己的弟子，陈寅恪也是要求极为严格。他曾说，不是随便一人便能做我的徒弟，他要是有思想的人，要有独立精神。如果他连这两点都无法做到，那便不能做我的学生。而这种"礼制"或许象征着陈寅恪对"学统"纯正的一种坚持。

关于他的名字，陈先生曾在1940年写过一封致牛津大学的亲笔英文信，他在信的末尾是这么称呼自己的——"Yin koh"。

《仰望陈寅恪》的书中有这样一段文字："名满天下的陈寅恪先生，离开我们还没有四十年，但关乎他名字如何去读就早已产生了很多分歧。可见这些后人都不太知道其中的真相。甚至有人告诉我说，陈先生名字中的'恪''读成 què 是误读'，这未免有点可笑了。我只能说这些人是只明白其一而不明白其二了。事情的真相是这样的：陈先生的家人甚至包括其助手和学生，都是将'恪'字念作'却'的。"

翻查陈寅恪先生的族侄陈封雄先生所写的信件，也可以看出一些人们争执的端倪：

"我听闻关于我先叔父名字中的恪字读音一向有两种读法，即 kè 与 què，我在这里说第一种读法是正确的。我们的祖籍在江西，然而我的先辈们却是生活在湖南一带，那里习惯将恪读为 kè，但是湖南以北的地区却习惯读 què……"

如果以上的这些例证还是没什么分量，那么请看下面这封由陈先生最亲密的学生蒋天枢教授写去的信件：

"恪字的本字原作"愙，从心，客声。"现在大家一般都写作"恪"。这个字的读音也因各个地域的差别，有所不同。但不管怎样，都改变不了"愙"是正体而恪是一般写法的事实。它的读音自古以来就是 kè 音……"

无任何文凭的旷世奇才

留学 20 年间，从来也没人听说过他在哪个大学获得过硕士、博士的学位，甚至连大学文凭也都没有过。但事实证明，他腹内所拥有的才华，却是全中国很少见的，可谓百年难得的一位奇才。

虽然没有文凭，但陈寅恪先生在宗教、史学、语言学等方面均取得了不俗的成绩。

36 岁那年，陈寅恪来到了全国最有名的学府清华任教，在这之前，他正在柏林大学搞研究。他的治学态度十分严谨。一次，他在香港大学用英文讲解"武则天与佛教"。当很多人知道他所讲的正是那位中国历史上很有风流韵事的女皇帝，于是猜想陈寅恪一定会提及很多关于这位女皇的风流事。可是事与愿违，当很多人坐到课堂上去，才知道陈寅恪讲的全部都是纯学术性的考据，根据武则天的宗教思想，陈寅恪认真归纳和分析了她为什么会有如此多的面首。虽然这一堂课很多人终是没能听到他们原本很感兴趣的言论，却在学术上获得了不少知识，也可说是不虚此行。

关于他如何去清华，这背后更是隐藏了一个有趣的故事。当时，他是由梁启超推荐去的，作为清华的校长，曹云祥听闻此人既不是博士也没有著作，抱有很深的怀疑。不料这让梁启超感到十分震怒，他发疯一样地对曹云祥吼叫道："我这人也是没有什么博士学位，著作也就写得那样，但加起来也没有一个陈先生几百字值钱。要是你现在拒绝，那就让这个伟大的人才流放在国外，为别的国家的文明发展做出巨大贡献吧！"接着他又说这位陈先生是国外数十家诸如柏林大学、巴黎大学等几位名教授所看好和敬仰的人，听了这番话后，曹云祥当即决定聘用他来清华作导师。

到了清华以后，这里的人不管是学生还是教授，但凡在文史方面遇到了难题，都前来向他请教。每次不管是什么问题，总能获得陈先生完美无误地回答，所以大家都亲切地称呼他为"活字典"。每次他上台讲课，也都有很多教授前来旁听，其中最勤快的一个就是当时的研究员主任吴宓，其他如朱自清等一有时间，也是每场必到。

用四等爱情过一等生活

陈寅恪一生认认真真、踏踏实实做学问，最终可以称得上是知识渊博，上通天文下晓地理。而这样一位优秀的大师，在接近中年时确也受到上天的眷顾，遇到了可以与他执手一生的伉俪。琴瑟和鸣、相敬如宾，这样用以形容一对深爱的年轻人的词，如今用在他们身上，真是一点也不夸张。

陈寅恪曾把爱情细分为五等，他说，"第一，情之最上者，世无其人，悬空设想，而甘为之死，如《牡丹亭》之杜丽娘是也；第二，与其人交识有素，而未尝共衾枕者次之，如宝、黛是也；第三，曾一度枕席而永久纪念不忘，如司棋与潘又安；第四，又次之，则为夫妇终身而无外遇者；第五，最下者，随处接合，惟欲是图，而无所谓情矣。"并且笃定自己与妻子之间隶属四等爱情，虽然比起同一时期其他风云人物，他的爱情故事简直有些乏善可陈。但他关于爱情或婚姻的一些言论，却在文化圈里十分流行，诸如，"学德不如人，此实吾之大耻；娶妻不如人，又何耻之有？""娶妻仅生涯中之一事，小之又小者耳。轻描淡写，得便了之可也。"

唐筼是与他共同谱写和塑造了一段引世人关注的美好婚姻。说起陈寅恪先生的妻子唐筼，那也是一个从小受过苦难的人。母亲难产而死，她刚一落地就失去了母爱。她便跟着养母也就是她的亲伯母潘氏离开了故乡广西，到了养母的故乡苏州。后又因养母在天津北洋女师担任要职，又跟随她去到那里，成为班上年龄最小的女学生。

1915年底，唐筼未满18岁，此时她已从北洋女师毕业。在天津读书学习的这段时间，由于她勤奋刻苦，不仅修了分数很高的文化课，还对音乐、美术等课程产生了浓厚的兴趣。特别是书法，经过一番练习，已经练得一手好字，还曾得到散原老人这样的名家称赞。

此后，唐筼又全通过自己的努力继续深造，然而时光不等人，待她学成归来，已是当时名副其实的大龄"剩女"。认真生活的人总会遇到好姻缘，正是这个时候，于北京教书的期间，她遇到了一生的真爱。

1914年，原来的中山公园在改名为中央公园后，立马成为众多青年男女约会的首选场所。陈寅恪与唐筼的第一次见面，就是在这里。他们是经同事介绍认识的。

约定见面的那天，唐筼为了给对方留下一个好印象，故意早早赶到现场等候。过了一会儿，她感觉有人朝着自己缓缓地走过来，待她转过头去看，却发现对面的一个男人走路的姿势微跛。她的预感是正确的，来人正是同事介绍给自己的陈寅恪。谈话的过程中，她大方地说出了自己的疑问，而认真搞学问的陈寅恪也不是一个小肚鸡肠的人，他同样很大方地告知实情。原来早年在国外留学时，因生活贫苦，他买不起质量上乘的鞋子，就只能穿不合脚的硬皮鞋对付，这才使足部多处磨起了鸡眼、胼胝，最终影响到自己的行走。

当时的陈寅恪已经 36 岁，这样的年纪就是放到今天，也绝对堪称大龄未婚男青年了。他告诉唐筼自己热爱文化事业，为了钻研学问可以说付出很多心血，这才错过了适婚年纪。听到这样的话，唐筼不由得对面前这个青年人产生几分好感。当时的陈寅恪已经是清华国学研究院的著名导师，学识很渊博。作为同样喜欢文化研究的同道中人，唐筼很敬重这位学者。

随着时间的流逝，两人有了越来越多的了解。在这样一种相互了解的氛围中，爱情慢慢地从彼此的内心生根发芽。终于，二人在 1928 年于上海缔结偕老之约，那一年，陈寅恪 38 岁，唐筼 30 岁。

为了更好地照顾自己的丈夫和家庭，唐筼在与陈寅恪成家之后，就立即放弃了所钟爱的教育事业，转而投入对家庭的无私奉献中，可谓全心全意。

也许这对夫妻的患难与共感动了上苍，但我更愿意相信这是他们共同努力的结果，虽然身体多有不适，但陈寅恪还是靠着顽强的意志、惊人的毅力，最终完成了那些传世之作。

按照陈寅恪自己定义的爱情等级来看，他与唐筼只不过区区四等，但却是这样的爱，给了他们彼此完美的婚姻，给了彼此生命最大的温暖与呵护，同样换来后人的敬重。

陈寅恪与唐筼结婚后，生活中充满了苦难与挫折。他们的婚后生活，更像是两个被生活遗弃的苦命人在互相取暖。两年以后，他们的大女儿出生了，唐筼却因过度劳累导致原先的心膜炎诱发为心脏病，病情又在恶化，几次都有生命危险。

虽然在那战乱年代，他们为了生存不得不四处奔波，还要忍受病痛无常的折磨，但正是因为彼此的相互坦诚与患难与共，才走出了只属于自己的别样人生。有陈寅恪的地方，就是唐筼的家；同样的，有唐筼在身边，陈寅恪就有继续追求梦想的动力。失明也好，心脏病也好，没有任何困难能阻止他们追求幸福的强烈信念。

在他们二位身上，那些写满优美词句的古典诗经也黯然失色，只因他们本身才是那句"执子之手，与子偕老"的最佳诠释。

心归处，才是家。

柏林留学趣闻

1922 年至 1924 年，陈寅恪游学于德国柏林。就是在这里，陈寅恪结识了后来的新中国总理周恩来！

当时，我国留学生很喜欢去华侨开的饭馆里就餐。一天晚上，陈寅恪去一家华侨餐馆吃饭，恰好与周恩来、曹谷冰等人相遇，彼此点头示意，然后就在同一张桌子边坐下来。在交谈的过程中，由于某些观点的不同，大家彼此激烈地争辩起来。因为周恩来口才非常好，曹谷冰等人被辩驳得哑口无言。谁知曹谷冰竟挥起了拳头，结果，陈寅恪也挨了几下。周恩来见势不妙，拉起陈寅恪就跑。后来不知怎的，他们竟跑进了老板娘的房间。

幸好当时老板娘没在屋子里，所以没有产生误会。曹谷冰在门外狠命敲门，周恩来和陈寅恪死死守住门口，不管外面怎么大呼小叫，他们就是不开门。后来，曹谷冰实在没有办法，便离开了。周陈二人这才从屋里走了出来。

结语

在众多追赶历史风潮的国民大师中，陈寅恪绝对是最干净、本分的一个。他为做学问受累半生，最终饮恨九泉。

他对爱情也是始终执于平淡，甘于枯燥流年，将生命最华美的篇章全都奉献给了学术，这才酿造出最平凡却也无比动人的一生。青年时期的他，也曾彷徨，却始终点燃国学这盏灯。这一位治学严谨、传奇风雅的国学大师因此受人敬仰。

民国大师的青涩年代

陈独秀

鲁迅

钱锺书

林语堂

林徽因

胡适

沈从文

张爱玲

徐志摩

第十二章 闻一多
从文坛诗人到民主斗士

"一个人如果有学问,当然会受到人们的尊重;有学问而且人品又好,自然备受尊敬;学问好、品行高,其德业又足以泽及后世,那就更让人永远敬慕了。"闻一多,就是这样一位思想与行动并重,精神与文化同存的纯粹的时代巨人。

生活在从半殖民地半封建社会向新民主主义社会转变的夹缝时期,他上下求索,在曲折中不懈前行。无论是在中国现代诗歌史、中国现代文学史、中国现代文化史上,还是在中国现代革命史上,他都是颇有建树的人物。作为诗人,他追求新诗的格律化,讲求韵律的"三美"原则,不懈创新;作为学者,他求真、求善、求美,钻之弥坚,锲而不舍;作为斗士,他意气风发,走出象牙塔,成为一个直面黑暗的勇士,敢做敢言。

观其一生,始终不变的便是那一腔爱国热忱:"于茫茫死水边,点亮一支红烛,燃起新生的希望。欲以其不尽的光芒驱尽所有的黑暗,照亮整个中国!"他选择了义无反顾地为了国家而献身,那个时代的他,或许早已知道了自己的结局。

当他遭到国民党的暗杀时,年仅48岁。"千古文章未尽才",我们痛惜他的英年早逝。

勤学多思的好少年

碧山秀水的荆楚文化之地历史悠久,物产丰饶。湖北黄冈浠水的醉人风景更是引得无数文人骚客在此驻足，数度吟咏。1899 年 11 月 24 日，大师闻一多降生于这片美丽的土地上——望天湖畔闻家铺。

或许是因为受荆楚地域文化的哺育，闻一多自小就有了"刚""劲"的性格。

闻氏在巴河镇是大族。据闻氏家谱记载，闻家在此定居已有 20 代。传说闻氏家族是宋代爱国名臣文天祥的后代。或许是血脉的相承，闻一多同样具有深切的爱国精神、民族气节。同时，闻家又是一个书香门第。在这个封建家庭里，历史上曾出了不少文人，父亲闻固臣，就是清末的秀才。曾祖父良嫡公在世时就在屋侧建立书室，请名师授课，教孙辈读书。因此，闻一多自幼就接受着良好的教育，这为他后来在文学上的巨大贡献奠定了坚实的基础。

闻氏家族里孩子很多，家长们就请了一位徐老先生来教学。5 岁时，闻一多便跟兄长们一起比赛朗读，开始的时候他比不过他们，但认真、好学、要强的他不肯服输。晚上，他随父亲一起念《汉书》，让父亲把书中有趣的故事讲给他听。白天，他跟着老先生学习《三字经》《幼学琼林》《尔雅》和"四书"之类的经典。由于勤奋好学，敏于深思，他很快就超过了兄长们。那时的中国正处于半殖民地半封建社会，时代一变革，旧的科举制就行不通了，人们也便失去了做官的捷径。于是，闻固臣便有了新奇大胆的想法：打算让孩子们学好算术和外语，以便留洋深造，能够有更好的出路。

闻一多 6 岁的时候，换了新的老师——王梅甫。这是一位开明的新老师，他教授国文、历史、博物、修身等，同时，也使小闻一多第一次接触到了梁启超的思想。这让闻一多的求知欲更足了，他开始吸收新思想、新文化。此外，王梅甫老师也激发了闻一多自小对文学的浓厚兴趣。闻一多的过人之处，除了他的勤奋好学，还在于他不像其他孩子那般，一心只想着嬉戏玩耍。他可以对门外的龙灯、花轿视而不见，专心致志地读书学习。小小年纪便有如此非凡表现，他赢得了家里人一致的称赞。

幼年闻一多的兴趣相当广泛，除了学习知识，他还喜欢看戏、绘画。据说，这与参加过太平军起义从外乡流落到浠水的老人韦奇有很大的关系。每逢春节，闻一多都会去镇上看戏，戏固然好看，但闻一多更多的是为了在路上听韦奇讲故事。他总是对戏中的古装造型感到新奇，每每回家，经常对着家中绣像小说里的人物描摹。每次画完一画稿，闻一多就让韦奇帮忙装订成书。而韦奇每次看到有画的书，便叫闻一多去看，并且让他描摹。就这样，慢慢地，两人形成了一种无言的默契。

除此之外，闻一多也喜欢出去写生。清晨，他常常漫步于望天湖畔遐思，沉醉于仙境般的湖光山色中。虽然年幼，闻一多却满腔豪情，欲将这大好山河尽收画底，流传万世。

闻一多还是一个同情弱者的人。韦奇喜欢打死野狗吃肉，却总是遭到了家人的反对。一次，闻家的家仆追打正在炖狗肉的韦奇，慌忙中，韦奇跑到闻一多的书房躲了起来。结果，为了保护韦奇，闻一多狠狠地怒斥了家仆。

1909 年，年仅 11 岁的闻一多被父亲送到武昌读书。酷爱学习的他，临走那天起得特别早。到了武昌，他考进了两湖师范附属高等小学。面对广博的知识，他如饥似渴，手不释卷。武昌不比乡间，可游玩的地方很多，可他从不虚度光阴逛街闲游。他自小主见很强，凡是他认定的事情，就绝不轻易改变。

1910 年，武昌起义爆发了，武汉人民积极投身革命，革命情绪日益高涨。此时，革命浪潮席卷大街小巷，闻一多受到了革命形势的感染，看到了青年们公开在大街上剪掉了辫子，也不由得加入了他们的行列。由于受到革命的影响，武汉形势开始变得复杂，闻一多就与他的兄弟们返回浠水老家。回到家乡，故乡的父老乡亲们看到了闻一多后大为震惊。然而，在这惊奇的目光中，闻一多反而多了一份自信。

在外面的见识多了，经历多了，特别是看到了当众剪辫子的场景后，闻一多更加坚定了自己的想法。回乡后，他认为光听父亲念"四书"是写不出好文章来的。于是，他就坚定不移地遵循着武汉中学的新规矩：除了看经书，也要看其他有文采的古文。同时，他也对传统的男尊女卑的思想表现出了公开的反对。回家后，他常常与姑姑、嫂嫂们聚在一起说说笑笑，她们刺绣，闻一多就帮她们绘图描花。辛亥革命后，闻一多的绘画作品里也出现了许多辛亥时期的素材：小人儿手执小旗振臂高呼，拥护共和。每次画好，他便欣欣然贴于墙壁之上。

水木清华里的青葱岁月

1912 年春，辛亥革命终于接近尾声，武汉局势恢复平静。13 岁的闻一多重返学堂，考上了民国学校，接着又进入了实修学校。一个月后，他报考了留美预备的清华大学，并且更加努力学习，争取获得"留洋"的机会。初试时，他模仿当时流行的梁任公笔调写出的《多闻阙疑》深受考官们的赞赏，但由于其他成绩一般，所以只能录为备选第一名。由此，他赢得了去北京复试的机会。虽是书香世家，祖辈也出过不少举人，但这样的经历毕竟还是第一次，全家人不免有些慌乱，纷纷为他的复试准备忙忙碌碌。他毫不骄矜，而且信心满满。

秋去冬来，他赴京复试，此次由他的一个哥哥陪伴。火车上，哥哥还争分夺秒地帮助他复习英语。终于，他以 4 个名额中第二名的成绩进入了清华校园。

闻一多被正式录取的时候，已是漫天飞雪的隆冬时节。因为他们这批学生的英语程度普遍不高，加之距年终考试仅有一个月的时间，学校便让他们在校补习，第二年秋天正式入学。英语不够好，他就奋起直追，狠补英文知识。没过多久，他就能阅读英文原著了。

入学后，一切都是新的。生活环境变了，他住进了新式的小洋楼里，换了一片天地。他带着农村孩子的淳朴，也含着一些对过于西化的城市少爷忘本行为的轻视与不屑，穿梭于水木清华之中。那时，不论是校方还是学生都轻视国文。他们认为，在美国化的清华里，终归要留洋，根本无需国学素养。课间起哄、嬉闹、谩骂、逃课，不觉已成为习气，中文课堂更是连赌场都不如。然而闻一多就是闻一多，"所见独不与人同，而强于自信，每以意行事，利与钝之不顾也。"他尽力汲取西方文化的养分，在秩序混乱的中文课堂里他也依旧特立独行，认真学习传统的诗文。同时，这样的现象也让他痛心疾首，毅然在《清华周刊》上发表了《中文课堂底秩序一斑》一文，痛斥连茶馆赌场都不如的中文课堂现状。

那时清华的学生管理制度很繁琐，许多无谓的校规校纪使闻一多很不适应，这让他不能专心研究学问。于是，他便半夜起床读书写诗。对于学校的批评，他从不予以理睬。而对于学校早晨四五点钟锻炼身体的规定，他却严格执行。除了学校规定外，他为了有一个好的身体，还专门早起练跑。每当出现懈怠情绪时，他便逼迫自己坚持下来。在他的身上，有这样一个特质：凡事去做了，便一定要尽全力将其做好。他还认为，作为清华学子除了有认真学习西方文化之外的义务，还亟须担负起"振兴国学、扬吾菁华"的责任。同时，他积极参与校内改革与其他社会活动，校园里随处可见他活跃的身影。进入清华不久，他就因博学多才而闻名于校园之中。

在清华学习的过程中，由于学校对课程时间安排很紧，这使得热爱文学的闻一多无法完全投身于他所热衷的书籍当中。每年暑假两个月的时间，他就充分利用这难得的机会，足不出户，闭门读书，废寝忘食。有时，甚至有亲朋好友来找他，他都捶胸顿足而言："胡又来扰人也！"他的书房也因此有一个别名"二月庐"。"二月庐"中的书桌是闻一多用缝纫衣服的长板子架起来的。这样一来，就可以解决家里的书桌小，摊不开书的弊端。每次架好书桌后，他便迫不及待地将要读的书堆在桌子上以便查找。他常常是边读书，边思考，同时查阅其他书籍。桌上的书不免总是重叠交错、杂乱无序。因他这样不辍地读书学习，家里人都叫他"书痴"。他反为自己辩解道："吕端大事不糊涂！"

在清华期间，他以老家的书房命名自己的读书笔记——《二月庐漫记》。这也是他《论振兴国学》一文中思想认识在行动上的具体体现。

在美丽的清华校园里，闻一多不曾放弃他绘画和演戏的爱好，并且还发展了他新的兴趣——写诗。他经常爬到假山上去练习写生，清华的山山水水，一丝一毫他都仔细观察，认真描摹。最终，他凭借着超群与精湛的画技，担任了《新华年报》的图画总编辑。在书法课上，闻一多努力练习隶书，他认为：中国字是一种重要的艺术，这是别国所羡慕的，而我们自己反不知道利用它。他努力练字，终于练得一手好字。班上凡是需要写字的地方，他都去帮忙。他还去学习刻图章，不断提升着自己。那时，清华校园里早已流行着话剧艺术，闻一多就担任着话剧社的负责人。为了提升话剧的档次，他曾经不断地反省不太突出的演戏技艺，不断地总结着话剧艺术，最终总结出以旨在尚实而近情、不杂管弦、不以歌笙、简单而感人的新的话剧模式。由此实现了从旧剧到新剧的巨大跨越，并取得了傲人的成绩。在水木清华的校园里，他就是这样一个纵横驰骋于艺术与文学世界的战士。

大学里，闻一多不仅在艺术上取得了傲人的成绩，他的诗歌也在此期间蓬勃发展。他首先是从研究旧诗作品开始。有时研究得太过深入，他甚至在体育活动时间都带着书到校园里研究。在此期间，他创作了多首五言、七言的旧体律诗，多为咏物言志、写景抒怀之作。其中的几首小诗更是韵味别致，风格迥异。由于身处新时代，在现代气息与西方文化的碰撞下，新式白话诗篇备受青睐。少年风发的闻一多不断地汲取着新知识、新思想的养分，跟随了"五四"时期的大学者胡适、周作人等人的步伐，开始对新诗进行积极的探索。

惊人的是，他有着惊人的作诗才华。一开始，他的新诗就能够打破旧诗格律的束缚，完全白话创作的新诗竟比胡适更为成熟，这着实难能可贵。当时的清华校园受"五四"思潮的影响，在《清华周刊》中增加了"文艺栏"，由闻一多担任文艺栏的集稿主席。他不遗余力地提倡文艺创作，尤其是新诗创作。这不断地激发了他的创作热情，此时他又开始了对新诗格律化的理论研究。

"五四运动"前夕，新的文学思潮不断地涌进清华校园，一举打破了校园

民国大师的青涩年代

的寂静。闻一多钟情地翻译着《天演论》，"物竞天择，适者生存"的观点极大地激发起他对"新"的追寻。接着，他到各班听讲圣经课，希望能够检点身心。"五四运动"爆发后，闻一多听到班上的同学描述天安门城楼前游行的生动情景，他感到异常振奋。

第二天，他便与学校各班的干部及社团的负责人决定，要与北京学生取得一致行动，坚持到底。这次闻一多担任活动的文书，积极为同学们宣传。此时的他，满腔热情地投入到"五四运动"中，后来他被选为代表到上海开会。他异常高兴，在这次"五四运动"的激流中，爱国的闻一多站了起来。在他眼中，祖国终于有救了。经过"五四运动"的锤炼，闻一多内心的"火种"熊熊地燃烧起来，他想要改造中国，实现救国的愿望。于是，他开始了新的探索。

首先，他提出了改良清华，他尝试着手改变清华不合理的管理制度。他对过于美国化的清华进行批判，并为改良校园文化展开一系列的斗争，后来又参与了抵制外国低级电影的斗争。继而他发表了《恢复伦理演讲》，从大处着眼，注意整个教育制度的改革。在这些活动的过程中，他的爱国热忱，他的求实苦干无一不体现得淋漓尽致。

1922 年冬天，闻一多与高孝贞完婚，婚礼废除了一切旧的仪式。可结婚后不久，新房就变成了书房，闻一多开始了他的《律师的研究》的校订与增广。结婚后，在闻一多的鼓励下，高孝贞很快进入了武汉女子师范，夫妻俩一同学习新思想、新知识。

时光荏苒，闻一多就这样匆匆地走完了水木清华的青葱岁月！

留美深造

青葱岁月悄然逝去，闻一多又开始了新的生活。

1922 年 7 月 16 日，闻一多离开了故乡，独身前往美国开始了他的留学生活。一路上，他满载着激情与昂扬的斗志，期待着大展宏图。

但他一到美国，生活便陷入了诸多矛盾当中——自我与环境的矛盾以及种族歧视问题。尽管如此，来到芝加哥专修美术专业后，他仍然取得很好的成绩，被校方认定为最优秀的学员之一。他所有的功课中，有 22 个优，50个良，他的画也被参选到学校的展览会，荣获最优等名誉奖。在芝加哥的这段日子里，他的生活十分孤寂，他缺少能够一起谈心的朋友，也吃不惯美国的饭菜。他对祖国与亲人的思念愈发强烈，像一只离了群的孤雁，他越发希望自己能够早点结束学业，提前回国。然而现实无法改变，那时的他唯一能做的便是刻苦学习，总结自己的学习经验，研究学问。课余时间，美术馆是他经常光顾的地方，它广泛观摩，不断地充实自己。他还经常去公园游历，去电影院观看电影，以便了解美国生活，提高口语水平。

开始留学的日子里，闻一多虽然无所适从，生活孤寂，但繁华都市也给他带来的创作灵感以及对诗歌的研究热情。同时，他也陷入继续深造和回国就业的矛盾之中。不久，他又收到了好友梁实秋的邀请，请他到珂泉（即科罗拉多大学所在地）学习。在珂泉期间，他与梁实秋居住在一处。在友谊的滋润下，他学会了更好地适应异域的生活。他曾在家书中写道："自己做饭既可省钱又可吃中国饭，此大乐事也。"可见，闻一多的欣喜之情溢于言表。

这段时间，他致力于油画的创作，全力以赴，并获得了一颗金星。在此期间，有的同学劝他学好数学混文凭，他坚决反对并义正词严：我绝不是为了混文凭才来留学的！在珂泉学习过程中，他不但在油画上取得了巨大的成就，对英美诗的研究也有了很大的收获。

可喜的是，在留美的短暂时间里，他的诗无论是思想还是艺术上都有了很大的飞跃。他的诗情仿佛是喷发的火山，毫无保留地爆发！终于，他迎来了第一部诗集——《红烛》的问世。

时光如梭，1924 年暑假，他重新回到芝加哥学习，并在纽约创办了刊物宣传中国的优秀文化。在闻一多的眼中，这样的宣传是很有利于唤起中国人民的爱国热情的。在此过程中，重友情、好交友的闻一多也收获了许多弥足珍贵的异国友情。

走上学者之路

三年的留美生活结束了。1925 年 5 月 14 日，日夜思念祖国的闻一多终于回到了祖国母亲的怀抱。在回国之前闻一多就有了自己的打算：以中国文化的国家主义，唤醒中国人的民族自尊心，抵御帝国主义的侵略。

就这样，闻一多回到了上海。此时上海正在"怒吼"，帝国主义正在屠杀游行示威的群众。上海展开了轰轰烈烈的爱国反帝运动，继而掀起了全国规模的反帝运动的高潮。闻一多虽然同情处于水深火热之中的群众，但他并没有在上海停留太久，而是马不停蹄地奔回阔别三年的浠水老家。

一情一景依旧，仿佛昨日就在眼前，唯一不同的是他又添了新的亲人：大女儿立瑛已经两岁半了。这让回国后的闻一多顿感欣慰。

回乡后的一段日子里，故乡的秀山俊水虽然宁静惬意，可是闻一多的内心却无法平静。他满怀一腔爱国热血，使他整日忙着修改新诗，以参加反帝的斗争。之后，他又不断地为职业四处奔波。很快，经徐志摩介绍，他决定到北京艺术专科学校任教务长。想到又能够投身到他所喜爱的艺术事业，又能够同余上沅、赵太侔等老朋友在一起，他不由得兴奋起来，并且雄心勃勃，励志要为中华民族培养优秀的人才。

为同学们讲授美术史，这是他教育事业的开端。可现实总是残酷的，这个学校的校长是刘百昭，一个成天在官场上周旋谄媚、不学无术的学渣。这引起了闻一多极大的反感。更让他无奈的是，刘百昭居然在学校里安插了私人眼线。诗人是从不愿意掩藏内心情感的，更何况是闻一多这样一个爱憎分明的君子！

他曾公开地表示：欢迎蔡元培来校担任校长。这便让刘百昭的小喽啰们抓到了把柄，开始趁机造谣，说闻一多欲取代校长之位，并在校园内外大肆宣扬，兴风作浪。这无疑是给了本无心涉政的闻一多当头一棒，他曾在一封信中写下：我近来懊丧极了，当教务长本不是我的事业，现在骑虎难下真叫我为难。其实更让他难过的是，忙于政务使他无法静心创作。原本写诗的热情锐减，他多么担心，就此把自己钟爱的文艺事业抛之脑后。

然而，生活还在继续着！

1926年初，他回到浠水，将家眷接到北京定居。当时的闻一多已经是新月社的一名成员了。很快，他的新居便成为了诗人们聚会的地方。在这里，他尽情地施展才华，诗人们也纵情地挥洒自己的笔墨。不久，诗歌史上著名的《晨报副刊》中的《诗镌》专栏就在这个背景之下诞生了，闻一多被推选为编辑主任。而这种经常性的诗人沙龙，也为闻一多于1928年出版的第二部诗集《死水》做出了巨大的贡献。

就在筹备《诗镌》期间，北京的"三一八"惨案发生了！冯玉祥领导的国民党军队被日军击退。日军放肆的扬言，要炮轰大沽口炮台，国民党军队奋起反抗，欲逐走日军，却被八国联军以保护辛丑条约与八国利益为由，阻碍中国军队的防卫。这次事件彻底激怒了国民，反八国联军示威大会在天安门召开，会议组织了2000多人的请愿团，跟随李大钊共赴铁狮子胡同执政府和国务院请愿。刚刚抵达目的地，府院卫队便开枪镇压，大肆屠杀群众，横尸遍地，鲜血横流。

这起惨案极大地震撼了闻一多，他高度赞扬了流血的爱国青年，痛斥了虚伪的民国政府。一时间，他写下了许多悼念诗篇和爱国颂歌，鞭挞黑暗，警醒世人。

回国的短短几年间，他目睹了一幕幕虚伪、阴险、丑恶、毒辣的社会现实，他深感无奈。从1928年秋起，他先后到武汉大学、青岛大学任文学院院长兼任中文系主任。从那时开始，闻一多走上了他的学者之路，致力于古文学研究。

抗战时期，他转而变成了一个文学斗士，揭露黑暗，坚持自己的思想，敢做敢言。无论现实多么黑暗，他始终不变的是对祖国的热爱，以赤子之心拥护自己心爱的祖国。

闻一多恰如一支红烛，燃烧自己，照亮黑暗，为祖国默默奉献自己的一生。

结语

"人家是说了再做，我是做了再说；人家说了也不一定做，我是做了也不一定说。"闻一多先生，他就是这样一位大师。

他那锲而不舍的精神、顽强的毅力与强烈的爱国情思，是贯穿其一生的主旋律。无论是青葱岁月，还是到生命尽头，他都以满腔热情关爱着自己的祖国。

民
国
大
师
的
青
涩
年
代

陈独秀

鲁　迅

钱锺书

林语堂

林徽因

胡　适

沈从文

张爱玲

徐志摩

第十三章　章太炎

先哲的精神，

后生的楷模

章太炎是我国近代杰出的资产阶级革命家和著名的学者。虽世人常称他为"太炎先生",但其自认为"民国遗民"。由于受祖父及外祖父的民族主义熏陶,他不满于清朝的异族腐朽统治,这奠定了他一生的华夷观念。

在清末民初的新旧交替时代,说到"疯"莫过于章太炎,说到"癫"也莫过于章太炎,说到"狂"章太炎那是无与伦比。要将"疯""癫""狂"都加于章太炎之身,那也是不为过分的。

他在学术上也是一个十足的"疯子",约有400万字的成果,给我们带来了无法估量的文字财富。不仅如此,他在文学、韵律学、逻辑学等方面也有一定的建树,算得上是一个全才。

青葱岁月少年狂

血性汉子章太炎,乱世狂人章太炎,世人哪有他疯癫?

章太炎出生在一个有着强烈的民族主义思想的书香世家。幼年时期,受到祖父们的熏陶,加之阅读过《东华录》《扬州十日记》等书。章太炎对清政府的异族腐朽统治的不满触角从少年开始就慢慢积蓄,到了青年时期已经越伸越广,其个人的民族主义思想也是愈来愈浓。

6岁时候的章太炎,已可以作出诗作。时值下雨的一天,父亲邀请了亲友饮酒吟诗的时候,章太炎赋诗曰:天上雷阵阵,地下雨倾盆;笼中鸡闭户,室外犬管门。该诗令当时在场的人大为震惊。

在孩童时期，章太炎不爱与孩子们一起做无意义的玩耍之事，喜欢沉浸在书本中斟酌字句或者思考。亲友们打牌玩闹，他都静静地坐在一边看书，读得津津有味，旁若无人。有记载他的趣闻中说，他专心致志看书时，嫂子给他添了衣服他都浑然不知，可见他聚精会神到如何程度。

16岁那年，章太炎受父命参加"童子试"，题目为《论灿烂之大清国》。章太炎想到鸦片战争后军阀的入侵，清朝官僚对百姓的欺压……种种事件证明，大清国无可灿烂之言。愤慨之下，章太炎奋笔疾书，将满腔热血洒于考卷题目之中，做出醒世呼吁，"吾国民众当务之急乃光复中华也"。

第一个交卷的章太炎开始还受到考官的暗自赞美，但读到他的考卷之后，于是拍案而起，问他大清何罪之有。初生牛犊不怕虎，章太炎也不卑不亢，不急不缓地回应考官："我之所思，件件合乎当今国人之思；我之所论，桩桩合乎国情之实，何罪之有？"其少年时期，章太炎就能气得考官七窍生烟，他的癫狂自是由此可见一斑了。

初步经由家庭影响和阅读所奠定的华夷观念，又结合《春秋》的夷狄观和西方的现代民族主义观点，他个人特色的民族主义观趋于成熟。

戊戌政变后，章太炎遭到清政府通缉，去台湾避难，之后再东渡日本，此时章太炎的排满观和古文经立场日益明确。义和团事件时，章太炎也参加了以挽救时局为目的的"中国议会"。会上，章太炎主张驱逐满、蒙代表，并割辫明志。

章太炎可为革命抛头颅，愿为革命洒热血，有生命不息、革命不止的战斗精神。革命干劲在那个年代是勇士的标签之一。当年的他，不管时局多么动乱与不安，排满的观念深深地引领着他，不顾个人的安危，一次又一次地投入到起义与斗争中，参加爱国学社，表达着自己的民族主义精神，宣扬爱国思想。

1902年，章太炎再次逃亡日本，接触到西方哲学、社会学、文字学等领域的学术著作，这对他的思想有了更深远的影响。他在1903年的《驳康有为论革命书》中针锋相对地指出了："公理未明，即以革命明之！旧俗俱在，即以革命去之。"其气魄和胆识，不是一般人所能具备的。

鲁迅写道："我以为先生的业绩，留在革命史上的，实在比在学术史上的还要大。"又说："我知道中国有太炎先生，并非因为他的经学和小学，是为了他驳斥康有为和作邹容的《革命军》序。"而之所以在东京去听章太炎讲国学，也"并非因为他是学者，却为了他是有学问的革命家，所以直到现在，先生的音容笑貌，还在目前，而所讲的《说文解字》，却一句也不记得了"。

说起学问，他昏昏欲睡，谈起政治，他眉飞色舞；说他是革命家，可他是政治家，说他是政治家，可他从故纸堆里爬出来又貌似没赶上趟儿，于是我们说他是国学大师，可他却自称最擅长医学。

谈起章太炎这个老夫子，我们往往看见的是他一生的任性。他使着性子惹怒了很多人，惹来很多难堪和气恼，于是大家都称呼他"疯子"。

七次追捕，三入牢狱

为邹容的《革命军》作序，主张推翻清政府，遂发生震惊中外之"《苏报》案"，乃与清廷两方对质，章太炎未逃过时劫，入狱三年。

其实，当时地方政府和租界本想息事宁人，大事化小处理，于是派人私下放风，让他们避一避。接到消息后，陈范（《苏报》老板）、蔡元培、吴稚晖、章士钊都跑了，就章太炎一个人仿效谭嗣同"必流血，自我始"。

入狱之后的章太炎在狱中写了一首《狱中赠送邹容》，邹容读了之后，被章太炎的慷慨激昂的斗志与信心深深鼓舞，也以《狱中答西狩》回复章太炎。此后邹容也继他之后自首入狱。

邹容在牢狱中受尽折磨，死于牢中。这件事情一直是章太炎心中的一大遗憾。

为革命壮大声势，自是有更多的办法，更好的方式，其实不必去坐牢。当时的局面，时局复杂，要发起革命行动，单凭一个人的力量完全不行，必须要有谋略才能成就一番革命。

三年狱中时光，练就了章太炎"以国粹激励种性""以宗教发起热情"的主张，以佛理说革命，主张"革命之道德"。

出狱后，章太炎立即赴东京。在东京开设国学讲习班，"宏奖光复，不废讲学"。他发扬"国粹""宗教"的主张在东京留学生演讲上受到推崇，后继任《民报》主笔，主持《民报》与《新民丛报》的论战。参与国粹主义运动，创了"中华民国"国号。

可时运不佳的章太炎，却在异国日本二入牢狱。其事因只是拒绝东京法院对《民报》作出的一百多日元的罚款，章太炎当时做出的选择是"将以役作抵罚金"，惹怒了日本警方。后来他的学生许寿裳、龚宝铨拿钱赎他。

当时因他与孙中山发生冲突，《民报》"不足自资"，孙中山不支援，也阻挠其他集资方给他出资。孙中山当时还另办报纸排挤章太炎，导致章太炎没有钱缴罚款，日本政府欲封禁《民报》，他以自投牢狱的极端方式处理了此事，其目的就是表达对孙中山的愤怒。

如果说一次两次逢上牢狱之灾，可以算是时运不济，但三次四次都惹上这等烦事，就要总结下自身的原因了。当年章太炎怒闯中南海，在中南海大打出手，破口相骂，导致他第三次入狱，即被袁世凯软禁。

起因就是，袁世凯镇压二次革命之后，自己想做皇帝，这样的心思被章太炎觉出，愤怒之余，章太炎还不忘同袁世凯说理。可一心想做皇帝的袁世凯听不进任何劝告，因为了解章太炎的性格，对他避而不见。这却引得章太炎以大勋章作扇坠，至新华门大骂。此举惹怒了袁世凯，遂将其关押在龙泉寺。

在软禁期间，章太炎辱骂袁世凯，袁世凯并不理会，还专奉银两并差人伺候着，要听差的务必事事恭敬，打不能还手，骂不能回口，一切悉听章太炎之便。袁世凯说："彼一疯人，我何必与之较真？"他待章太炎绝非苛刻，袁世凯每月给他提供生活费 500 元，还招了厨子、听差的侍奉他。据章太炎的夫人说，这一段软禁生活，是章太炎一生中最为阔气的一段时光。当时一个警察每月的薪水也才 4 元钱，大学里很够分量的教授每月也不足 400 元。袁世凯待章太炎是真的不薄，管他如何辱骂自己，钱管够，派人伺候，足矣。

囚禁中的章太炎并不客气，无比狂妄的享受着各种侍奉。他大骂，袁世凯听不见，他大吼也无人理会。章太炎知道袁世凯在监视着他的一举一动，为了解气，于是他大摆大爷的谱，对这些当差的几近折磨之能事。他与当差的订下"约仆六条"：一、每日早晚必向我请安；二、见我须垂手鹄立；三、称我曰大人，自称曰奴仆；四、来客统称曰老爷；五、来客必须回明定夺，不得擅行阻拦，亦不得擅行引入；六、每逢晦朔，必向我一跪三叩首。若有违反，必定严惩不贷。

有时章太炎正在午睡，听差的也丝毫不敢怠慢，唯唯诺诺地低语请安。折磨听差的不成，解不了章太炎的气，之后他又想出绝食的法子来。他也不是真心想要绝食，只是为了让袁世凯气恼。但是袁世凯并不理会他，绝食不成的章太炎，后来吃饭的时候还用上了银制餐具，害怕袁世凯毒死他。

袁世凯死后，恢复自由的章太炎不再骂袁世凯，反而说他是个好人。若干年后他说："袁世凯亦自可人，当余戟手痛骂时，乃熟视若无睹。近人闻有诟言，辄恶之欲其死，孰敢面短之，况痛骂耶？"（近人指蒋介石）

性格顽劣的章太炎，生活中却是一个极其随性的人。囚禁之时，按生活费计算下来，他每日可用两个大洋布置菜肴，他见准备下来的菜肴过于丰盛，他也几乎只吃面前的菜肴，摆在餐桌对面的他也几乎懒得举筷，于是他便要求厨子只做一块大洋的菜肴，剩下的一块钱公然放进私囊。章太炎生活上的随性，让听差的逐渐了解了他的生活习性，将清淡的素食摆在他面前，可口的荤腥食物就放在远处，章太炎也懒得举筷，听差的于是就留下来自己享用了。

章太炎幽禁期间，袁世凯规定，只允许弟子钱玄同随时进见。后来钱玄同知道了听差的干的事情，虽然章太炎不以为然，他还是擅自主张报告了官方，将他们革职了。

软禁时，章太炎被迫写"劝进书"："某忆元年四月八日之誓词，言犹在耳。公今忽萌野心，妄僭天位，非惟民国之叛逆，亦且清室之罪人。某困处京师，生不如死！但冀公见我书，予以极刑，较当日死于满清恶官僚之手，尤有荣耀！""劝进书"气得袁世凯七窍冒烟，后来袁决定再也不理他，直到袁世凯去世后，他才恢复自由之身。

此后，为拥护"联省自治"运动，章太炎天南地北的参与讲学。他参加反清运动，反对国民革命军北伐，不放弃对新旧军阀势力的期望，想以讲学的热情来唤醒大家的爱国意识和良知。南京国民政府成立后，章太炎因不合作的态度，"中华民国遗民"之言语惹怒了国民党上海党部，又遭到通缉。

……

以鸡蛋碰石头的事情，青年时期的章太炎做得甚多。当时的政客党客他得罪甚多，他骂袁世凯，与孙中山闹僵，挨个把大家伙都得罪了个遍，至此把自己逼到死角。

与其用生不逢时来形容他当时所处的背景，不如说他义气凛然，一心革命。不懂得变通导致他在东北三省当官不成，与人相处意见相左时协调不成……

将征婚启事登上报纸

小时候的章太炎患有癫痫病，言行举止极为怪异，人们称他为疯子，导致没有人愿意将女儿嫁给他。没有办法之下，母亲只好将自己的陪嫁丫头王氏许配给章太炎。这场无媒妁、无聘礼的婚姻，按照当时的习俗叫纳妾。母亲的这种安排也是方便于他日后再有合意的女子娶来为妻。

这段最初的婚事是章太炎的第一段感情经历。王夫人一生与他相依，为他育有三个女儿。1902 年，章太炎从日本回来料理了病逝夫人的后事，自此，他们的缘分散尽了。

此后十余年的日子里，章太炎没有再娶。

三载囹圄，数年避难，是他不及考虑婚姻的原因之一。此外的主要原因还是因为一直没择到自己心中的理想伴侣，一时难觅佳音罢了。争相做媒的人络绎不绝，后来章太炎索性在报纸上刊登了征婚启事，征心中的如意伴侣。

在报纸上刊登征婚启事这样的事情，在当年是少有人干的。可他，章太炎，他干了。他是最早一个刊登征婚启事的人。他的择偶条件是："人之娶妻当饭吃，我之娶妻当药用。两湖人甚佳，安徽人次之，最不适合者为北方女子，广东女子言语不通，如外国人，那是最不敢当的。"具体有以下五条：第一条，以湖北籍女子为限；第二条，要文理通顺，能作短篇文字；第三条，要大家闺秀；第四条，要出身于学校，双方平等自由，互相尊敬，保持美德；第五条，反对缠足女子，丈夫死后，可以再嫁，夫妇不和，可以离婚。

章太炎这则新潮的征婚启事无异于一磅重型炸弹。老友蔡元培看了征婚启事后，就操心起章太炎的婚姻大事来。也是经过他的介绍，章太炎才结识了自己心仪的伴侣汤国梨。汤国梨是章太炎一生的红颜知己和贴心伴侣。

婚后多年的共同生活中，他们心心相印，汤国梨更是做足了贤内助的本份，为章太炎的义举和讲学做出了功不可没的奉献。

怎一个"骂"字了得？

章太炎涉世之初并不温和，为人处世极为刚硬，虽热衷革命事宜，但在与人相处时极易起冲突。为强学会捐款，他在执笔上海《时务报》时期，与梁作霖（梁启超的弟子）因学术意见不和发生争执。在《正学报》时，被梁鼎芬当众"杖击"。在爱国学社时，他还被章陶严（章士钊的弟弟）打过耳光。甲午战争时期，他也曾因为学术之争而与麦孟华等人发生"拳殴"事件。1903 年，被刘师培与妻子何震诬蔑叛变。又与孙中山、汪精卫、黄兴等因《民报》意见不和而交恶。

章太炎性格易怒，个性极强，脾气特大，动不动就挥拳动手，不易相处，难于共事。这也许跟他早年的癫痫病有一定的关系。

章太炎从不会因为对方有身份背景而委曲求全。他与人意见不和而闹翻，甚至挥拳的事件颇多。他不会因为你是谁而丝毫改变自己的主张和观点。

不管是被打，还是他挥拳动手打人，与他发生争斗的这些人都不是陌生人，而是一些当初的好朋友，以及无法相处下去的同事、同学等。

由此可见，青年时期的章太炎并不是一个按照规矩出牌的人。就因为这在现今看来是涉世未深的顽劣性格，导致他青年时期颠沛流离，无所定居。

青年时期的章太炎，个人主张意识极强，不会委曲求全，导致他的人际协调能力给他的思想推行带去了重重困难。1912 年，他出任东三省筹边使时，因为得不到袁世凯的支持，导致他提出的设立东三省银行、整顿币制、开发水路交通和金矿等设想无法得到很好的施展。几经努力之后，虽然有一些的成效，但因为无法大力施展拳脚，东三省筹边使公署 7 个月之后便宣告解体了。

暂时失去自由的时光皆因章太炎的性格顽劣所致。在人际交往中，这种性格可称为不识时务，可在革命精神和思想深度上，若没有这种近乎于执拗的性格又似乎很容易退败。

鲁迅十分推崇章太炎的那"英雄一入狱，天地亦悲秋"的视死如归的英雄气概和"七被追捕，三入牢狱，而革命之志，终不屈挠"的豪杰精神，并誉之为"后生的楷范"。他还曾留言评价章太炎，"考其生平，以大勋章作扇坠，临总统府之门，大诟袁世凯包藏祸心者，并世无第二人；七被追捕，三入牢狱，而革命之志终不屈挠者，并世亦无第二人。这才是先哲的精神，后生的楷模。"

章太炎的行事风格过于激进，其胆识可以作为楷模，但其处事谋略却甚差矣。

虽在学术和思想上几近固执的坚持，生活中的章太炎却是随性至极。比如，画家钱化佛带些他爱吃的卤鸡蛋前往索字，他也是欣然同意的。可见，人们始终坚持的都是那些既定的梦想，如果字是章太炎的梦想，那么来一百打卤鸡蛋他可能也是宁不吃不屈的。

孜孜不倦的追梦人章太炎，在给弟子们上课时，开场白常常就是："你们来听我上课是你们的幸运，当然也是我的幸运。"大有"平生不识章太炎，访尽名流亦枉然"之架势。

不了解他的人见不得这种惯常的狂，可张口就骂袁世凯，意见不合就挥拳而去，章太炎怎一个"狂"字了得。不管他怎么"狂"，他备受人尊敬和仰慕的魅力却丝毫不受影响。

当年胡适著了新书《中国哲学史大纲》，赠与章太炎，扉页上写"太炎先生指谬"，下署"胡适敬赠"，人名旁边用了标点符号。收到书的章太炎不禁大骂："何物胡适！竟在我名下胡抹乱画！"后又看到胡适自己的名字下面也有标点符号时才消了气。

早年时期的章太炎热衷于维新运动和反清革命，几度流亡，天不怕地不怕，几经牢狱也依然坚守着革命事业。其渊博的学识、和蔼可亲的长者风度及百折不挠的革命精神很受人敬重。

"五四运动"之后，章太炎不再激进了，这在外界看来，章先生已经慢慢落伍了，一直坚持维护文言文攻击白话文的事情也不继续了。鲁迅写了《趋时和复古》等文章，对章先生进行了尖锐批评。还有人讽刺地说章太炎"原是拉车的好身手，现在却拉车屁股向后了"。辛亥革命后，章太炎更是退居书斋，钻研学问，粹然成为一代儒宗。

他棱角分明、通透，少有生活情趣方面展现，性情单调，言行不拘。

他常常不记得自己家的地址，但能记得哪一本书里的哪一页说了什么，引经据典的能力水到渠成，却把生活过得一塌糊涂。

甚至在婚礼当天，穿着崭新的礼服行婚礼仪式时的章太炎，皮鞋选大了，当时人群拥挤，慌乱之中，被人踩掉了一只鞋，后没有顺利穿上去，导致他在出席婚礼时，他穿着左右颠倒的皮鞋就出席了，真是大窘不已。

他也不太注重仪态，大庭广众之下，因为意见不合就给人挥出一拳去的事例也不胜枚举。

因此，你可以说章太炎是个"彻彻底底"的怪人。

章太炎在学问方面的造诣极高，也因为其灵光岿然的著作才让世人原谅了他的疯、癫、狂。此外，他三顾牢狱，屡遭通缉，后又被袁世凯囚禁依然临危不惧，这种百折不挠，野火烧不尽的革命精神更是让人钦佩有加。

所以从这一点上来说，章太炎再恣肆放纵，半世佯狂，说话行事再过癫狂与疯行，大家也都敬他八分，接受着他的"想骂就骂，敢做敢当"的魄力与做派。

结语

这就是一个疯子般的才子章太炎。"章疯子"的外号更曾举国皆知。若不是凝聚着满身的才华和铮铮铁骨，我想没有人愿意将就他。

因《苏报》案入狱时，章太炎写"上天以国粹付余"；大闹总统府被软禁，他又写"吾死后，中夏文化亦亡矣"。如此大气凌厉的章太炎！

没有人有他的胆识和不顾一切，也没有人有他的一意孤行。乱世枭雄他当不了，可乱世狂人他却很是在行。他使着性子干着革命，做着学问，研究着政治，张口就骂，出手就挥拳，他从不给人面子，从来不给自己留退路。章太炎，怎一个"狂"字了得？所幸的是，命运待他并不薄，待到暮年，还有如花美眷陪他始终，做他的"翻译机""修改机"和"打印机"。

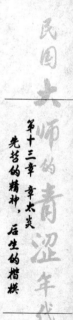

民
国
大
师
的
青
涩
年
代

陈独秀

鲁　迅

钱锺书

林语堂

林徽因

胡　适

沈从文

张爱玲

徐志摩

　　对于外国人来说，中国的哲学充满了神秘而浪漫的色彩。几千年的传统文化塑造了中国人勤劳而内敛的精神核心，而在这种传统精神里，智慧的光芒时时闪耀。

　　冯友兰，一代哲学大师，为中国哲学走向世界奠定了深厚的基础。

　　关于中国古代哲学，在漫长的时光隧道里，如果没有亲历其事，没有亲临其境，谁也无法真正得知古代哲学经典背后的真意。在纷繁的历史碎片里，朝代的更替，为尊者讳的习惯，让更多的意识与观点遮盖于层层的迷雾里。一词一句收集，一点一滴归纳，却还要避免用自己的思路与观点代替前人的思想。这个过程里，一代代哲人的思想和智慧得以纯粹的凝练。

　　古往今来，一代又一代人都感受着自身的迷茫与痛苦，也感受着痛苦带给我们的觉悟。正如冯友兰先生将人生分为四重境界：自然境界、功利境界、道德境界和天地境界。

积极上进的求知少年

　　1895 年，河南唐河祁仪镇的冯台异迎来了他的儿子——冯友兰的出生。

　　在那个年代，冯家作为当地望族，已经在那里生活了几代人。其祖父冯玉文善作诗，在他的教导下，其父亲学问有成，当时已经是一位举人。这样的人家，所迎娶的女子也都出自殷实人家，粗通文墨，贤惠勤勉。在这样诗礼传家的家庭里，其价值观与评价人物的标准都在于其读书的好坏与功名的成就上。而家风对于长幼尊卑的强调，对于礼数进退的看重，也会对这种环境下出生的冯友兰产生一定的影响。这种家庭环境培养了冯友兰沉静且自省的性格。

当冯友兰3岁时，好学不倦的父亲得中科试三甲榜尾，赐同进士出身。功名的取得必然带来繁重的俗务，这位勤奋而笃实的父亲成为进士后，到湖广总督张之洞幕下帮办洋务。

1904年，9岁的冯友兰跟随父母来到湖北武汉，其父亲负责当时的武汉方言学堂。公务繁忙的父亲，对于家庭的照应自然很少。所以，家庭事务的处理、对子女的教养都落在了冯母吴清芝身上。冯友兰幼时所接受的教育主要来自于其母亲吴清芝的传授。粗通文墨的她，虽然不似丈夫一样学问过人，但对幼子早期的教育还是绰绰有余的。

7岁的冯友兰到了上学年龄，在老先生的教导下，冯友兰接受了传统中国式的教育。当一字一句背下"关关雎鸠，在河之洲，窈窕淑女，君子好逑"的《诗经》后，按老先生的要求，他接着背下记载圣人之言的《论语》。而当熟读《论语》后，《孟子》《大学》与《中庸》又很快成为下一个背诵目标。

相对于现在五花八门的早教来说，那时的冯友兰所接受的，只是一些机械的记忆。他不需要理解自己所背下的内容是什么意思，他要做的就是单纯的背诵，一字不差、字正腔圆地背诵下来，正如中国几千年来所有的读书人所做的那样。

在幼儿时期，人的记忆能力是最强的，此时记下的知识到老也不会忘记。在这种不自觉的学习氛围下，年幼的冯友兰默默记下了很多影响中国几千年的经典著作。在中国的传统教育里，不让孩子太早明白一些书是什么意思，是因为大人们相信，只要记下来了，再随着阅历的增加，就慢慢懂得了。"书读百遍，其义自现"，说的正是这样的道理。

只是这样的学习对于任何正常的孩子来说，天性里的天真和活泼都被

民国大师的青涩年代

第十四章 冯友兰
旧学新知，酿中国哲学甘醴

压抑了，对于儿时的冯友兰而言，这样的学习枯燥无味。但在母亲的督促下，他又背下了《书经》《易经》和《左传》。而此时，中国的大环境已经发生了翻天覆地的变化，世纪之交的中国，旧学随着西方知识文化思潮的引入已经逐渐没落，新学却随着各地如雨后春笋般兴起的新式学堂而慢慢成为主流。当时在新式学堂任教的父亲冯台异，也把新式教育带进了对冯友兰的教育中，冯友兰由此开始接触到西学。

1907 年，冯友兰 12 岁，冯家为这个孩子请了专门的教师进行教学。这时的他，才算真正开始接受了系统的教育。此时的冯友兰已经可以分门别类地在新式学堂里系统地接受学校教育，学习古文、算术、写字与作文这些学科。这些学科对于冯友兰来说，由于几年打下的识字与背诵基础，难度并不是很大。而这个年纪的冯友兰，已经有时间为自己找一些自由阅读的材料了。

父亲所收藏的新书籍、新刊物，便成为冯友兰闲暇时的重要读物。与上课时接触的经史子集相比，这些书刊涉及更多的世界知识，冯友兰也开始看到了一片让他倍感新奇的崭新天地。在这样的环境下，冯友兰进一步提升自己的旧学基础，同时也对外面的世界多了一些了解，多了一些看法。

但世事从来不会给人以准备的时间。当冯友兰已经学会主动去看父亲所收藏的图书时，而他的父亲冯台异却因病逝世了。年幼的冯友兰也只剩下自己的母亲可以依靠了。作为一个母亲，她要做的就是回到自己的老家，照顾好自己的儿子。在我国很多传统家庭里，父亲是山，母亲就是一条温暖的河。当山崩塌以后，河的润泽依然让这个家庭得以滋养，让子女安然成长。

当回到河南唐河的老家后，冯母依然为自己的儿子请了老师继续教授学业。

对于一个家庭而言，父亲意味着顶梁柱，而母亲则是围起家庭的四面墙。对于冯友兰来说，失去父亲的痛苦是无法代替的，但母亲的坚持与坚强让他得以继续维持一个平静而安稳的求学生活。在这段时间里，冯友兰开始阅读带有民主主义色彩的书籍，在自我意识朦胧萌芽之时，诸如黄宗羲的《明夷待访录》都成为了他的案上书。书中的思想与世界，让他更透彻地看到自身的处境，也能让他更达观地理解生活所带给他的一切。

两年后，14岁的冯友兰考入了县立高等小学。那时已经没有进士、举子之类的称谓，但考学依然类似于过去的科举。以优异成绩考入县立高等小学的冯友兰成为了冯家的骄傲，也由此延续了冯家诗书传家的文脉。

冯友兰自小练就的沉稳与内敛让他在学业上得以不断精进，而县立高等小学的教育相比于自家所聘请的先生，所学的范围更广，所接触的专业也更多。冯友兰在这样的学习过程中，得以不断提升自己，也在各学科先生的教导下逐渐形成自己的思维模式。当其在县立高等小学毕业时，他不负众望，以优异的成绩考入了开封第五中学。

从一个在自家学习的小孩子，到县城小学的优秀学生，冯友兰在母亲和家庭的长期教化中，已经在学习的世界打开了一片天地。在传统书香世家，一个家族会用所有的力量去培养自己家族的读书人，而冯友兰又有所不同。父亲拥有官场经历，自己的家庭又是当地的名门望族，他的求学道路符合所有族人的期待，也代表了当时诗书世家的传统发展路径。

冯友兰在开封第五中学渡过了自己的少年时期。他离家越来越远，母亲一直以来的教诲与家庭的影响却已经深植于他的性格之中，他的成绩一直是拔尖的。1912年冬，17岁的冯友兰以自己的实力从中国北部城市开封，考入了当时的上海第二中学高中预科班。到了上海，从小接受儒家传统知识文化教养，熟背《诗经》《论语》《孟子》《大学》等传统经史子集的冯友兰，开始面对所有学科全英文的教学方式。

那时的上海第二中学高中预科班，不仅教材全选自英文原著，冯友兰的一位教师还把一本耶芳斯的《逻辑学纲要》当做英文读本要求学生学习、掌握。这是冯友兰第一次接触到形式逻辑的著作。这本《逻辑学纲要》成为冯友兰开启哲学兴趣的钥匙，也是他第一次真正了解逻辑著作的开端。

在西学的影响下，他对中国的文化产生了很多想法，而当时他的老师都无法去解释这些差异及其背后的内涵。那时的冯友兰向自己的班主任李登辉说，自己以后一定学习哲学。在当时的大环境下，哲学并非一门简单的普通学科。中国百家争鸣中很多学派都是只有论述而没有系统性思想总结，哲学从严格意义上来说是不存在于中国的。西方的哲学凭借其严密的逻辑与论证，也让中国人第一次见识到什么叫哲学研究。在当时的中国人看来，哲学是一门深奥又艰深的课程。所以当班主任听了冯友兰的志向后，惊呼"你要当孔夫子呀"。由此可见，冯友兰志向之远大。

上海第二中学三年的学习生涯，为冯友兰的人生之路打下了重要的知识基础。他不仅在这里开拓了自己的眼界，同时还接触到真正意义上的西方哲学史著作。他的国学素养与英文能力，为他日后的学习与研究奠定了坚实的基础。

1915 年 9 月，20 岁的冯友兰顺利考入了北京大学哲学系，这是当时中国唯一一所开设了哲学系的学校。那时的北京大学还是由工科学长胡仁源兼任校长，所有的学科都以"门"代称。当时冯友兰就读的哲学系，正是自京师大学堂废止经科后文科中四个学门中的一个。其中中国哲学，中国文学，中国历史与英文都是属于当时的文科。在胡仁源主持的开学典礼上，冯友兰见到了当时的英文门教授辜鸿铭，第一次听见学术界的主流人士对当时政府与社会出现的新事物表态。在冯友兰后来的回忆中，那时的辜鸿铭在民国四年时，脑袋后面还带着一个辫子，而且在后来的课堂中还依然直接表示支持君主制度。

他第一次意识到人的思想观念可以如此不同，而在不同的思想观念背后都埋藏着不同的哲学思想。学术界的各种意识对他后期的哲学研究起到了重要的激发作用。

那时的北京大学正好是新文化运动的起点，刚入学的冯友兰得以在新文化运动的熏陶与洗礼下看见更远的风景。在他后来的思想研究中，新文化运动给他留下的印痕极深。大学生活是紧张而忙碌的，更是充实而愉悦的。临近冯友兰毕业的那一年，北京大学请到了胡适与梁漱溟先生在校任教。梁漱溟先生作为东方文化派的中坚力量，一踏入学校就说出了"我此来除替释迦年尼、孔子发挥外，更不作旁的事"。这一句话表明梁漱溟先生对于中国文化发自内心里的坚持与坚守，他所做的一切都是为了更好地发扬中国传统文化，以复兴中国文化为己任。而胡适正是新文化运动最著名的战将，他以杜威实用主义哲学为旗帜，全盘接受西方文化，并身体力行推动中国文化的西化论。

此时的北京大学，一边是中国文化的死忠派，一边是西方文化的强硬派，各自占据了讲坛的半边天。同是年轻气盛的年纪，同是才华横溢的青年才俊，北京大学展开了一场针对于东西方文化的大辩论。论年龄，冯友兰只比梁漱溟小2岁，只比胡适小4岁，这样的治学方式让冯友兰"面目一新，精神为之一爽"。此时的冯友兰在两位大师的辩论中，深入了解了东西方文化的各方面，也启迪了他主动去观察，主动去思考中西方文化间的关系。从冯友兰日后的中西哲学研究来看，这段胡梁适逢其会的东西方文化大辩论让即将毕业的冯友兰受益匪浅，收获良多，更为他日后的中西哲学研究开启了重要的思路。

在北大的学习经历对于冯友兰来说有着深远的影响力。在那里，冯友兰得以结识与瞻仰先生之风采，得以目睹不同学问大家的相互激辩与春风化雨般的教诲。1917年，冯友兰第一次见到了蔡元培先生，他是在一个穿堂门的过道中偶遇坐在过道的蔡先生。人说"腹有诗书气自华"，自蔡先生在身边走过时，冯友兰第一次感受到了他们的一颦一笑都蕴含育人之道，他终于明白和顿悟：什么叫仁者风范的教化。

到了1918年，冯友兰有次办事需要北大的证明书，考虑到时间限制，他决定直接去找蔡先生开证明。当他走向校长室所在的大院子时，没有看到一个保卫人员，更没有一个服务人员。打开外间的会议室兼大会客室，屋里只坐着蔡先生一个人。冯友兰径直走到蔡先生身边，只听蔡先生问他，有什么事吗？他把信递给他，蔡先生没有问其他问题，也没有提及其他要求，只说了一句："这是好事，当然要出证明。"冯友兰请他批示一下，蔡先生亲笔批示完后，还给冯友兰，要他拿着这个批示到文书科去开一个证明书。后来，冯友兰把这一段写进了他的回忆录，他说，当时的蔡先生书生本色，不以校长之尊要求校长排场，更没有校长架子，几分钟之内为他办好事，还贴心告知他后面的流程。

冯友兰在这样的经历中明白了如何处理事务，如何待人处世，他感受到一种超乎俗世的精神境界。

孜孜以求，终成大器

1918 年 6 月，从北京大学哲学系毕业的冯友兰回到了他阔别已久的家乡。这时，一个叫任坤的女孩也已经从北京女子师范学校毕业了。自 1914 年经同学介绍相识后，冯友兰对这个同样来自于河南的同乡就有着不同的感觉。任坤是辛亥革命前辈任芝铭先生的第三个女儿，任芝铭是河南最早提倡妇女解放的人，他的三个女儿也在他的支持下接受了新式教育，她们都考入了当时女子最高学府——北京女子师范大学。冯友兰和任坤相识于上海第二中学，订婚时他们彼此正在求学阶段。金童玉女的结合受到了双方家长的一致肯定，而考虑到两人的学业，最终两家相约，等任坤从北京女子师范大学毕业后才能结婚。

当两人各自拿到大学毕业证书后，他们一起回到了冯友兰的河南老家，时年 23 岁的冯友兰与 24 岁的任坤在开封结婚了。

"五四运动"爆发，并在最短的时间内扩大到了全国范围。冯友兰没有直接参与这场改变历史的"五四运动"，但他却用实际行动，与几位好友一起创办了《心声》刊物，作为对"五四运动"最热情的回应。作为当时河南省内唯一一本宣传新文化运动的进步刊物，《心声》对推动河南的文化思潮发展起到了非常重要的作用。此时的中国，正处于新旧文化交战最激烈的阶段，也是身处近现代的中国人感受到中西方文化冲突最猛烈的时期。此时西方文化已开始成为显学，各种社会主义、无政府主义论调也占据了社会思想的舞台。这些论调与思想处于不断的大辩论、大冲突之中，中国传统思想与西方文化之间的交锋屡见不鲜。

当时所有的学者几乎都在问同一个问题：中国会走向何方？所有人都受到了各种思潮的洗礼，也在洗礼中寻找着答案。人们追问着自己，也追问着时代：哪里才是中国文化的出路？冯友兰和当时的学者与百姓一样，也在不断地思考着这个难题。

在河南做了一年教师后，1919 年，冯友兰经过努力考取了官费留学美国的资格，并接受胡适建议到哥伦比亚大学学习西方哲学。1919 年 6 月，24 岁的冯友兰与结婚一年的妻子任坤分别，他带着这个问题踏上了赴美之路。到达美国后，他跟随当时的实用主义大师杜威学习。当时的中国思想界正全力推崇着柏格森生命哲学，在此影响下，冯友兰专门撰写了《柏格森的哲学方法》和《心力》两篇文章，以此向中国思想界深入介绍柏格森的生命哲学。基于自身的认知，冯友兰运用柏格森的生命哲学观点，写了《中国为什么没有科学》一文。

在这篇文章中，冯友兰用自己的观察总结出了中国哲学世界的现象。中国没有科学的原因绝对不是因为中国人的智力所限，而是因为中国人一直以来在传统文化的熏陶中，重视一个人的品德更甚于重视一个人的知识与权利。中国一直是强调修身内省的，对于生活，中国人向内探索，以达到自身思想境界的圆满为终极目标。而相应的西方哲学则完全不同，西方哲学重视对于外在世界的关注，重视对于外在世界的认识，这包括了对于自然，对于世界的征服。由于中西方走的是两种迥异的发展道路，西方对于外在世界的关注进一步促进了西方科学文明的发展与壮大，而近代的中国在科学技术方面仍然相对薄弱。

在美国学习期间，冯友兰再次遇见了蔡元培先生。那时纽约北大同学会得知蔡先生以北大校长资格来欧洲与美洲进行参考调研，于是组织成立了一个接待委员会，冯友兰就是委员会的委员。在码头接到蔡先生时，冯友兰只身一人，仍是一副儒雅本色，蔡先生没有惊动驻纽约的中国领事和驻华盛顿的中国使馆外交人员。冯友兰与其他接待委员会成员接到蔡先生后，听从蔡先生建议，只租住在哥伦比亚大学附近。蔡先生的平易近人给冯友兰留下了很深的印象，而天天与同学们待在一起的蔡先生，也让冯友兰更进一步地感受到，蔡元培中国大儒的风采。

对于当时研究中西方哲学的冯友兰来说，中国学问家的风采、价值观与西方学问家的性格举止间的差异，再次激发了他的研究灵感，对于哲学研究而言，这就是中西方文化间的思维差异。冯友兰深深地记住了蔡先生在欢迎会上给他们的讲话："你们掌握了科学方法，将来回国后，无论在什么条件下，都可以对中国做出贡献。"而这些讲话也再一次把冯友兰的研究从过去中国式清谈与主观意识的论述，逐渐引向了西方更为科学与严谨的逻辑论证中去。科学方法，正是此时冯友兰进行哲学研究的重要工具。

可以说，此时的冯友兰已经可以从大局上着眼去分析中西方文化间的差异，并能敏锐地推导出造成中西方当下差距的深层原因。这位 24 岁的年轻人，用他 20 多年的求学积累，用他日夜不曾懈怠的探索精神，已经慢慢推开了中西方文化研究的大门。而在这段赴美留学时期，冯友兰还与当时正在美国访问讲学的印度学者泰戈尔，共同探讨了东西方文化的若干问题。他们之间的谈话纪录，由冯友兰整理成为《与印度泰戈尔谈话——东西文明之比较》一文，在国内《新潮》第 3 卷 2 期上发表。

身处美国的冯友兰丝毫没有放松对国内思想界的关注。1921 年，在《东西文化及其哲学》一书中，梁漱溟提出，对于中西方文化的争论进行了更长时间和更大范围内的讨论，他认为中西文化的争论古已有之，不同文化间由于其意欲不同，在此根源上所产生的各种文化与传统也必然不同。梁漱溟还在书中对东西文化进行了全面的比较与深入的分析。冯友兰在拜读此书后，深以为然，并马上用英文撰写了《梁漱溟的〈东西文化及其哲学〉》一文，以向当时的美国思想界介绍梁漱溟其人其书。这时的冯友兰已经不自觉地担当起了中西方文化交流与思想沟通的桥梁，他的国学背景能使他深入而透彻地了解当下中国的传统与思想哲学。新式教育与在美国的学习经历，更让冯友兰认识此种环境下产生的思想与哲学。这两种哲学在冯友兰的思想里不断交锋和融合。

1923 年，28 岁的冯友兰在导师杜威的指导下，完成了博士论文，他的论文题目是《人生理想之比较研究》（又名《天人损益论》）。在这篇论文中，冯友兰把自己心中的哲学世界描绘出来。他把世界哲学分为损道、益道与中道三类。这三类是以天然与人为间不同的看法划分的。由于冯友兰对儒家思想的认同，让其在研究中更为重视中道派的儒家哲学。这与梁漱溟所说的，人类最终将以印度文化为归宿有所不同，当时的冯友兰则更倾向于将儒家思想作为人类的最终选择。但即便如此，由于他的持续研究和不断深入，他在文章的最后还是表达了对这三派进行自然取舍的态度。

8 月冯友兰归国后，就马上进入中州大学（河南大学前身）担任文科主任，此后又先后执教于中山大学和燕京大学。1923 年冬天，冯友兰在山东曹州省立六中进行了以人生哲学为主题的演讲，并着手著书。30 岁时，冯友兰开始讲授中国哲学史，并在一所美国人开办的华语学校里开设了《庄子》课程。31 岁时，他出版了《人生哲学》一书。

在以后的岁月里，冯友兰在中国哲学史上的研究越发精进。对于冯友兰来说，他的哲学不仅反映了他的人生，更反映了那个时代里中国人对于历史的思考，对于自身的思考，对于未来的思考。

如果不了解中国哲学，如果没有深入学习过中国几千年的经史子集，当中西方思想与文化遭遇冲突时，冯友兰又怎么能找到哲学思想的根源与起点？

这位影响至今的国学大师，在经历一生的苦苦探索和寻觅之后，终于得以在哲学的殿堂里沉思……

结语

对于哲学来说，世间的各种思想与流派，都是各种不同生活状态的反映。

冯友兰是一位优秀的西方哲学与文化的观察者与思考者。他自上海第二中学接触全英文哲学著作起，西方思想就已经开始进入了他的世界。那时的他，成长于中国传统文化氛围之中，却眼看着中国文化在与西方文明的不断对比中越发显露出颓势。正如他在后来的回忆中所说："我从 1915 年到武昌中华学校当学生以后，一直到现在，60 多年间，写了几部书和不少的文章，所讨论的问题，笼统一点说，就是以哲学史为中心的东西文化问题。我生在一个文化的矛盾和斗争的时期，怎样理解这个矛盾，怎样处理这个斗争，以及我在这个斗争中何以自处，这一类的问题，是我所正面解决和回答的问题。"

做学问是寂寞的，而学问上的成就又在历史的长河里是永远闪亮的。作为一名学者，冯友兰写下了中国哲学史上空前的理论著作。他的著作已经为太多人指点迷津，也将为更多的后来人照亮前进的路途。

民国大师的青涩年代

陈独秀

鲁 迅

钱锺书

林语堂

林徽因

胡 适

沈从文

张爱玲

徐志摩

第十五章 梁漱溟
特立独行大师的
传奇人生路

印象卷语

若要说起梁漱溟，那可是一个家喻户晓的名字，谁人不为他的传奇人生啧啧称奇？

有着"中国最后一位儒家"之称的梁漱溟，言行举止以及行为处事中无一不透露出特立独行的神态，一身桀骜的他终生都在为华夏民族社会尽力，始终表里如一。他从不趋炎附势，不妥协、不畏惧，是一位真正的大儒。程思远先生曾经对梁漱溟有这样一段评价：潜心行学、一代宗师、探索人生、无所畏惧。

梁漱溟在"批林批孔"运动中，公然提出了自己的观点：反对以非历史的观点评价孔子，反对把批判孔子与批判林彪相提并论。即使这样的观点使他遭到了围攻，梁漱溟先生依然傲然宣称，"三军可夺帅，匹夫不可夺志也。"着实是一位铮铮硬汉，体现了他作为一位爱国知识分子的高尚品格。与此同时，梁漱溟总是把农民同胞的利益放在第一位，是一位热衷农村建设的民主人士。

虎父无犬子

梁漱溟的祖籍是在广西的桂林，他出生于官宦世家。梁家从他的曾祖父时代就搬到了北京居住，父亲梁济24岁的时候中了举人，但是等梁漱溟到了5岁的时候才得到了一个内阁中书的职位。

尽管梁漱溟童年时候的生活并不是十分的富裕，却也享受到了来自整个家庭的关怀和爱护。他还有一个毕业于日本明治大学商科院的大哥和两个于京都女子师范学校毕业的姊妹，对于居住在全国政治文化中心北京、生活在这样一个人才荟萃的家庭中的梁漱溟而言，学习和成长受环境影响很大。对梁漱溟早期教育影响至深的是父亲结交的一位早期的友人彭诒孙。他是在北京长大的苏州人，为人果断正直，与梁济结拜为兄弟，这使梁漱溟得到了十分难得的新式教育的机会。

1898 年，6 岁的梁漱溟开始读书识字，是一位姓孟的老师在家里教的，课本就是《三字经》和《百家姓》，之后赶上了维新运动，就没有再继续读"四书五经"了。梁济本来就是不赞成儿童读经的，此时便正好借着"停科举、废八股"的时机给梁漱溟找了一本《地球韵言》来看。梁济秉性笃实，心思细密，做事认真却不拘谨，他是最看重公事的，但是也从来都不会忽视了学问。梁父的思想深深地影响了梁漱溟。

父亲对梁漱溟的教育是完全开放的，从来都不会对他进行责罚，只是随时给梁漱溟暗示或者建议。梁漱溟曾经多次向别人讲述过下面这个故事：

> 还记得 9 岁时，有一次我自己积蓄的一小串钱忽然不见了。各处寻问，并向人吵闹，终不可得。隔一天，父亲于庭前桃树枝上见之，心知是我自家遗忘，并不责斥，并不喊我来看。他即在纸条上写了一段文字，大略说：一小儿在桃树下玩耍，偶将一小串钱挂于树枝而忘之，到处向人寻问，吵闹不休。次日其父打扫庭院，见钱悬树上，乃指示之。小儿始自知其糊涂云云。写后交与我看，亦不作声，我看了，马上省悟，跑去一探即得，不禁自怀惭意。

从梁漱溟成长故事中不难看出，梁济循循善诱的教导方法对于梁漱溟养成独立自学的能力有很大的积极作用。

后来梁漱溟在《梁漱溟问答录》的自述："在我七八岁至十二三岁之间，我所受父亲的教诲，大体上有三个方面：一是听他讲戏。父亲平日喜欢看戏，常以戏中的故事人物讲给儿女们听。孩子们也常随他去看戏，但大都似懂非懂；再是同他上街，购买日用品或办一些零碎事，借此练习经理事务，懂得社会人情；三是经常听他对我们生活和做人的告诫。例如关于清洁卫生及如何照料身体，如何尊长爱幼等事，他都极为耐心而细致地嘱告我们。"

1899 年，北京出现了第一个"洋学堂"——中西小学堂。梁漱溟便被父亲送到这里来读书，既学中文又学英文。后来因为社会持续的动荡不安，梁漱溟转过几次学。他 11 岁那年，还曾回家请教书先生教了一年，但仍然不读"四书五经"，而是看小学的课本。

读彭诒孙创办的《启蒙画报》是梁漱溟自学的开始，也使得他接触了更多的新知识和新思想，同时，梁漱溟又在彭诒孙创办的启蒙学堂读过一段时间的书。1906 年，13 岁的梁漱溟考入了顺天中学堂，1911 年从学堂毕业，这就是梁漱溟最后的学历。

中学时代的梁漱溟依然不看"四书五经"，而是选择了读报，后来梁漱溟回忆说："我对于'四书五经'至今没有诵读过，只看过而已。这在同我一般年纪的人是很少的。"其实这所有的一切都应该归功于梁父对他的"放任"。梁漱溟在一些回忆文字中，也曾反复申明过。他说："由于先父对子女采取信任与放宽态度，只以表明自己意见为止，从不加干涉，同时又时刻关心国家前途，与我议论国家大事，这既成全了我的自学，又使我已然朦露对国家社会的责任感，而鄙视只谋一人一家衣食的'自了感'生活。这种向上心，促使我自中学起即对人生问题和社会问题追求不已。"可见梁父不仅"放任"梁漱溟，更深深地影响着梁漱溟。

做学问和做其他许多事情一样，不能上来就干，要有一些积累和准备，即所谓"学术基础"或者说"知识结构"。从那个年代过来的学者，各有偏好，术业也各有专攻，但私塾似乎是他们接受教育的共同起点，差不多都是从"四书五经"中走出来的。但是梁漱溟却和他们不一样，走的完全是截然不同的两条道路。梁漱溟说："我本来无学问，只是有思想，而思想之来，实来自我的问题，来自我的认真。因为我能认真，乃会有人生问题，乃会有人生思想、人生哲学。"他彻底地颠覆了在治学道路上的某些特定的规律，这是发人深省的。

"请不要叫我学者"

不是正统学者出身的梁漱溟，没有丝毫的困扰。1916 年，年仅 23 岁的他就在蔡元培校长的推荐下在北京大学任教于哲学系，从"印度哲学"讲到了"儒家哲学"。当梁漱溟在讲"儒家哲学"的时候，除了一般的学生之外，还有一些在当时以及后来都是叱咤风云的人物，甚至还有些四五十岁的前辈也踊跃听课。梁漱溟是因学问而出名的，4 年后出版的《东西方文化及其哲学》，更使梁漱溟在新儒学领域享有盛名。

但是对于梁漱溟本人来说，他并不觉得自己是一位学者。1930 年，他在题为《我是怎样一个人》的文章中写道："大家误解我什么？这就是误认为我是一个学者，甚或说是什么'哲学家''佛学家''国学家'……这真是于两面都不合适：一面固然糟蹋了学者以及国学家；一面亦埋没了我简单纯粹的本来面目……谈学问，在我只是不得已，非有心……我只是好发现问题——尤其易从人事上感触发现问题。有问题，就要用心思；用心思，就有自己的主见；有主见，就从而有行动发出来。外人看我像是在谈学问，其实我不过好用心思来解决我的问题而已，志不在学问也，我一向谈哲学，谈心理学，始终是此态度；今日所谈又涉及政治与经济，仍不外此。"

梁漱溟在发表这一则声明的时候还不足 40 岁，在他看来，不论是儒学还是佛学，都是人生的实践之学，并且声称："孔子的东西并不是一种思想，而是一种生活。"所以他很不赞成在大学的讲堂里把孔子的学说只当作哲学的思想来讲。把四书五经背得滚瓜烂熟其实一点都不重要，中国要的是要将儒家的精神实践到自己的身上。他再三的强调，孔子的学问是专门致力于人的身心自觉，自主挖掘人类本身的智慧并且得以提高自我的。直到晚年，梁漱溟也始终认为在随着科技发展中的中国人需要学习儒家思想。

"邹平县城很小，一个百货店都没有……没有水电，我们生活在那里，吃的是井水，点的是油灯。当然也没有什么剧院影院之类的文化场所，除了县城西关在逢五逢十两天上午集市中有一番熙熙攘攘的热闹，平日县城里总是冷冷清清，基本上过的就是农村生活……父亲平时在研究院与学生同吃同住，只是偶尔回趟家。"这段话是梁漱溟的长子梁培宽对他当时生活情景的回忆。

梁漱溟在31岁那年夏天毅然辞去了多少人梦寐以求的北大教职工作之后，先后用了七八年的时间，到山东、广东、上海、山西、河南等地方进行实地考察和办学。自此他再也没有踏上过大学校园的讲台，虽然当时也有好几所大学想要聘请梁漱溟，但是都被他一一谢绝了。自1931年开始，他在山东邹平开始了长达7年的乡村建设活动。两年之后，梁漱溟还把在家中的妻子以及两个孩子从北平接到了自己的身边，全家人仿佛进入了另外一个世界。

这7年农村生活的经历对于梁漱溟而言，意义是重大的。他曾在若干场合中对于这7年的生活有过粗略的总结。例如在半个世纪之后，他在自纂的一本《生平述略》中写道："1931年与同仁赴山东邹平创办山东乡村研究院……它以全体乡民或村民为对象，培养农民的团体生活习惯与组织能力，普及文化，移风易俗，并借团体组织引进科学技术，以提高生产，发展农村经济，从根本上建设国家。此项试验在进行7年之后，终因1937年日寇入侵而被迫停止。"

学者们盛产"代表作"的年龄段大多是30到50岁之间，这段时间被视为生命的黄金时期，然而梁漱溟却将这珍贵的20年献给了社会活动和政治运动。由此说来，梁漱溟虽有学者之名，实乃一个社会活动家。他的一生不断思考和追求着两个问题，一个是中国问题，另一个则是人生的问题。

心态决定一切

梁漱溟的人生态度是脱离了俗念的。1934年，他写了一篇题为《三种人生态度》的文章，当中的第一种被他称之为"逐求"，并且解释说："此意即谓人于现实生活中逐求不已，如饮食、宴安、名誉、声、色、货、利等。"梁漱溟的一生，把这些东西都看得很淡，甚至视而不见。他曾在回答艾恺（国际汉学家，堪称梁漱溟研究第一人）的问题时说："我总是把我的心情放得平平淡淡，越平淡越好。我的生活就是如此。比如，我喝白水，不大喝茶，我觉得茶，它有点兴奋性，我都不要喝茶，白开水好。我吃饮食，要吃清淡的，一切肉类，人家认为好吃的东西我都不要吃，并且我吃得还很少。"上世纪50年代初，梁漱溟在一个《自我检讨提纲》上，也写过这样的话："志不在温饱""恶莫大于俗，以俗为耻"。许多事例表明，梁漱溟达到了这个境界。

在梁漱溟看来，所谓的世俗模式是没有不可以破的。例如过年，当他看到老百姓的生活之苦，就没了回北京过年的心思。外面兵匪混乱，梁漱溟和衣在分不清鞭炮声还是枪声中入睡。1940年春节，梁漱溟突然觉得和孩子在一起的时间实在太少了，便利用寒假带着两个孩子去了重庆。解放后，生活终于稳定了下来，再也不用成日东奔西跑，但过年对梁漱溟而言，与平时没什么两样，他仍是在伏案写作，从不觉得那是一个什么特别的日子。

梁漱溟是一个从来都不烧香的信佛之人，家中也不供奉菩萨，就连入庙也只是为了参观。梁漱溟信佛，和芸芸众生从利害出发许愿还愿那一套完全是两码事。宗教信仰在境界上存在着高低之分，由此便产生出真信众与假信众。后者仅仅是满足于偶像式的崇拜，心态上仍旧是一个俗人；而对于前者则是从佛理中吸收有益的东西。他从来都不去追求那些所谓形式上的东西，而是基于对佛理的推崇进而走进佛学的。

梁漱溟不是很擅长社交，但是他一生交游甚广，和包括国共两党的领袖在内的无数人物打过交道。和梁漱溟来往的人一般被分为两类：一类是他的学生，他们出于对老师的崇敬而追随梁漱溟，这类人并不是很多，但彼此之间都有着深刻的联系，交往时间也相对较长；另外一类就是在梁漱溟进行某项工作时而不得不与之接触的所谓"各界人物"。

在工作中与人交往的时候，梁漱溟总是将合作作为大的方向。他始终本着求同存异的原则，虽然梁漱溟与共事的人之间也有分歧，但为了大局，他也还是愿意并且努力同他们合作，意图十分明确，那就是要解决中国的问题。梁漱溟之所以赢得了大家的尊重也正是因为这种毫无杂念的处世原则。大家都相信梁漱溟，都知道他从事民盟活动的意图单纯，便想要聘请他担任民盟的秘书长，但被梁漱溟拒绝了。

梁漱溟是一个容易相处的人。1923 年，胡适曾在一篇文章中说："前后许多政论都不如这时批评梁漱溟、张君劢的文章有价值。"陈独秀响应说："梁漱溟、张君劢被适之教训一顿，开不得口，是思想界的一线曙光！"而梁漱溟则认为："我不觉得我反对他们的运动！我不觉得我是他们的敌人，他们是我的敌人。""他们觉得我是敌人，我却没有这种意思。"他这样申明自己的看法："天下肯干的人都是好朋友！"大家"各人抱各自那一点去发挥，其对于社会的尽力，在最后的成功上还是相成的——正是相需的"。虽彼此有所不同，但"我们还是不相为碍的，而是朋友"。对待见解不同的人，他的态度一贯是宽容的，一贯是"和而不同"的；承认有"不同"，但强调的是"和"。

梁漱溟有一个原则，就是从来都不在他人背后议论些什么，包括在家人的面前也不例外。但是不揭别人的短，不在背后议论别人，并不意味着梁漱溟是一个处事圆滑的人。对待老朋友或者曾经尊敬的前辈，在公共场合，他也是十分率性，直言不讳地说出自己看法。梁漱溟一生写过为数不多的几篇怀人的文章，在《纪念梁启超先生》一文中，我们能看到他对梁启超诸多贡献的肯定，也能看到这样坦率而客观的评价："梁公为人富于热情，亦就不免多欲。有些时天真烂漫，不失其赤子之心。其可爱在此，其伟大在此。然而缺乏定力，不够沉着，一生遂多失败。"章士钊也曾是青年梁漱溟所倾慕的人物，在见到章之前，梁漱溟就感到"彼此精神上，实有契合，不徒在文章之末"。他坦言："但一见之后，即有令我失望之感。我以为当国家多难之秋，民生憔悴之极，有心人必应刻苦自励，而先生颇以多才而多欲，非能为大局而负责之人矣。其后细行不检，嫖、赌、吸鸦片无所不为，尤觉可惜。"梁漱溟就是这样，在原则问题上分得很清楚。即使是对老朋友，也绝不搞无原则的"和平共处"。

梁漱溟的一生很好地诠释了"以天下为己任"这句话，他是一位名副其实的大师。

家家有本经书"念"

梁漱溟作为一代宗师，他的择偶标准、爱情与婚姻也如同他的整个人生一样布满了传奇的色彩，耐人寻味。

1918 年 11 月 9 日，梁漱溟的父亲带着对世道的无奈纵身跳进了敬业湖的深水中。父亲的自杀，再加上路过湖南时看到的军阀烧杀掳掠、残害生灵的悲惨现状使他内心燃气了革命的火焰。梁漱溟 18 岁加入了同盟会，过了一段时间之后发现一些人素质极其低下，争名夺利，心中产生了厌恶感，他失望地离开了同盟会。革命无果，事业也陷入了低潮的梁漱溟感到十分痛苦，在多次自杀未遂之后便产生了想要遁入空门、专心潜修佛学的念头。梁漱溟深受佛教的熏染，看破了红尘，由于公开声称今后不结婚，不吃荤，不喝酒。直至其加入北大，开始在知识分子圈中活动，出家为僧的想法越来越淡，并于 1921 年的 5 月份，他宣布要献身儒学，走进世俗的世界里。于是便有了梁漱溟的第一次婚姻，不过，梁漱溟始终认为，寻求婚姻之乐乃是出于一种严格的道德责任，而并非出于好色。

有一次，梁漱溟与朋友伍伯庸谈到了这件事，伍伯庸问及他的择妻条件的时候，梁漱溟说："在年龄上、容貌上、家世上全不计较，但愿得一宽和仁厚之人。不过，单是宽仁而缺乏超俗的意趣，似乎亦难与我为偶；所以宽仁超俗而有魄力者，是我所求。这自然不容易得，如果有天资大略近乎这样的，就是不识字亦没关系。"

伍伯庸闻之不禁面露喜色："当真能够这样，那我现在就可以给你介绍一个可意的。"原来伍伯庸想要把自己的表妹黄靖贤介绍给梁漱溟。梁漱溟要求先要见一面。

在那次决定性的见面上，梁漱溟见到了这位比他小了好几岁的小姐，她长相一般，并不十分动人，为人也似乎缺乏热情。而且这位小姐也不聪慧，由于出身于贵族，从小茶来伸手、饭来张口，从未学习过女红、烹调之类，因此对家务事一概不通。对于这位姑娘，梁漱溟其实也并不特别倾心在意。用他自己的话说就是："凡女子可以引动男子之点，在她可说全没有。"但他显然不想让伍伯庸为难，也不愿拒绝朋友的一番美意，于是梁漱溟毫不犹豫的娶了这位姓黄的小姐。

梁家见梁漱溟如此容易就将婚姻大事订了下来感到十分的诧异，当然，依照梁漱溟的修养，对待如此大事他不可能没有做过一番深思熟虑的。

梁黄的婚姻是属于先结婚后恋爱的类型。起初由于文化的差异，两人之间的感情极为平淡，很少有精神上的交流。但是经过几年的磨合，也就慢慢地有了爱意。因为梁漱溟在得到两个儿子之后，还想要再生一个女儿，最终黄靖贤在两度小产后再次妊娠，最终死于难产。梁漱溟为此痛苦不已。

梁漱溟回忆黄靖贤时说："我好读书，用思想，而她读书太少，不会用思想，许多话都不会谈，两个人在意识上每每不接头。因此，在婚后十年内，彼此感情都不算顶好。"但是同在一个屋檐下生活了几年之后，两人间的了解逐渐加深，梁漱溟逐渐意识到了妻子身上的优点，"靖贤的为人，在我心目中所认识的，似乎可用'刚爽'两个字来说她。"梁漱溟不仅从妻子的身上看到了正直和忠诚，并且从妻子为了自己默默无闻的奉献中，感受到了那份结发夫妻的情分。"婚后 14 年间，使我藉以了解人生，体会人生。并从她的勤俭，得以过着极简易的生活，俾我在社会上能进退自如，不用讨钱养家，而专心干我的社会运动。"尤其在黄氏去世前 4 年间，梁的思妻之情弥笃。梁漱溟在《悼亡室黄靖贤夫人》中是这样充满深情回忆这段生活的："我自得靖贤，又生了两个孩子，所谓人伦室家之乐，家人父子之亲，颇认识这味道。"对于妻子的去世，梁漱溟感到非常哀痛："现在靖贤一死，家像是破了，骤失所亲爱相依的人，呜呼！我怎能不痛呀！我怎能不痛呀！"

结 语

美国的五星上将马歇尔评价梁漱溟说，仿佛从他的身上看到了甘地；著名学者林毓生认为，梁漱溟与鲁迅是 20 世纪中国最有创造力的思想家。

梁漱溟领导的乡村建设运动，是构思宏大的社会改造试验，尝试将西方现代化的优点与中国文化的优点融合起来，为此进行了积极而可贵的探索；他开创了现代新儒家学派；他在反传统的浪潮中威武地挺身而出……

我们不难发现，自始至终他都保持着一颗平和的心态，一路走来，结友多多，树敌甚少。

民国大师的青涩年代

陈独秀

鲁迅

钱锺书

林语堂

林徽因

胡适

沈从文

张爱玲

徐志摩

印象卷语

　　陈独秀的光环很多，比如他是中国新文化运动的发起人和旗帜、中国文化启蒙运动的先驱、"五四运动"的总司令、中国共产主义运动的先行者、中国共产党创始人、中共早期最高领导人，等等。

　　然而提起陈独秀，更多的人想到的是这样一幅画面：在那个"春风无色山河暗"、万物枯竭毫无生机的时代，一个书生瘦弱的肩膀扛起了一个国家的明天，他用一支笔唤醒了一个时代的青年，他站在三尺高的讲台上挥洒汗水，他在街头巷尾发出自己的呐喊。

　　面对着几千年来的封建势力和外来帝国主义的强大势力，他勇敢地站在了最前面，他用自己的胸膛来抵挡那些白色恐怖，他用生命筑起了中国近代史上的一座丰碑。

谁的青春不迷茫

　　光绪五年（1879 年），陈独秀降生在一个清苦的大家庭中。父亲的早亡，让母子俩的生活更加艰辛。无奈之下，陈独秀被祖父陈章旭抚养，此时的陈章旭已经官拜道员，拥有了很多资产。但由于膝下并无儿女，他对陈独秀的照顾十分妥帖。后来陈独秀去日本留学，祖父也起到了重要的支持作用。

　　陈独秀从 6 岁开始就和祖父念书，他并没有感受到和其他小孩子一样无忧无虑的快乐童年。祖父陈章旭被称作"白胡子爹爹"，精明强干，为人甚是严肃，对陈独秀管教也极为严格。每次陈独秀背不出书，祖父就会用板子来招呼他。但是倔强的陈独秀从不求饶，也不曾哭出声来，他只是瞪着那双炯炯有神的大眼睛，咬着牙默默地忍受着。有时祖父被气急了，就会破口大骂：陈独秀长大后一定是个穷凶极恶的坏人，会给家里带来不幸。

陈独秀长大后，成为20世纪中国的普罗米修斯，这与儿时祖父的愤怒之言有些相合。

祖父强硬的板子并没有将陈独秀管教成才，但是母亲的眼泪真真儿滴在了陈独秀的心上。兄长陈延年领着陈独秀一起读书，兄长所介绍的《昭明文选》成了陈独秀的最爱，这本书远远比"四书五经"有趣味。研究文字成为了陈独秀最大的新爱好，这个爱好一直伴随着他的一生。谁也不曾想到，这个爱好竟然给陈独秀的生活带来了巨大的改变。

日复一日年复一年，就这样，陈独秀到了可以参加乡试的年龄，并顺利通过了乡试、府试，在17岁时他参加了院试。这一年的题目是"鱼鳖不可胜食也材木"，陈独秀对这个题目感到十分鄙夷，简直狗屁不通。他随手将《文选》中鱼鳖、草木的生字、难字、谬字和《康熙字典》里的古文结合在一起，七拼八凑，写出一篇文章。没有想到，这篇文章竟然成了院试的第一名，显然这是因为这些阅卷老师不认识这些流传千年的古文字，因而心存敬畏。这个第一虽然被陈独秀自己鄙视，但是母亲得知这个消息后，看着长大的儿子兴奋地大哭了一场，多年来的辛苦隐忍终于没有白费。

1897年8月，陈独秀冒着酷暑和大哥一起到江南参加考试，考试的艰难无法用语言来描述。从未做过饭的陈独秀需要自己做饭，但那些半生不熟的食物和炎热的天气所带来的奇怪味道，开始让他打起了"打退堂鼓"。晚上躺在考棚里，陈独秀想到白天看到的一个一丝不挂的大胖子，穷困潦倒，一边走一边看着他的文章，看到高兴处还要拍拍自己大腿来表示兴奋之情，高喊着"今科必中"。这样令人啼笑皆非的情景一直在陈独秀的脑子里晃来晃去，心想这样的人如果真的能成功，那么给国家和人民带来的灾难简直无法想象。想到国家，陈独秀不禁长长地叹了一口气，国家的灾难哪里是这一个人带来的？人生的转折往往就在一瞬间，之前一直迷茫的陈独秀,就在那天晚上他仿佛看到了一丝光明,他拼命地抓住它,从此便开启了崭新的人生。

这次考试不仅让陈独秀想明白了今后的人生道路,也让他结识了人生的第一个重要朋友——自己的战友汪希颜。汪希颜是何许人呢?他和陈独秀熟读"四书五经"不同,他读新学,较早地接触了康梁的维新变法,他带领着陈独秀从此走上了维新之路。从此以后,陈独秀常常和维新派人士一起交流读康梁文章的心得并发表自己的看法。后来,陈独秀给政府提交了一篇关于扬子江形势的文章。他将扬子江的人文地理、军事问题一一进行分析,他希望清政府能够看清楚现在所处的危险形势,并且积极采取救国措施。但他并没有得到回应。很快戊戌变法失败了,血淋淋的教训摆在陈独秀的面前,这不仅仅是 6 个英勇壮士失去了生命,还是清政府对于想要进行政治变革的青年人的警告。

1900 年,是应该被历史铭记的一年,八国联军侵华,清政府懦弱无能只能选择和谈。至此,清政府彻底成为了帝国主义统治中国的傀儡。国内的各种矛盾逐渐升级,所谓的改良派此时也沦为保皇派。

陈独秀深受刺激,决定选择留学。去外面学习新的知识,见识新的世界,是陈独秀能够继续革命的有效方法。

吾将上下而求索

1901 年,在一艘开往日本的轮船上,陈独秀带着他的救国梦想出发了。由于语言不通,陈独秀决定先学习语言,他先进入了东京高等师范学校学习日语,然后在东京专门学校(早稻田大学前身)进行学习。因为语言的原因,陈独秀的交际圈子仅仅局限在留学生中,虽然很窄,但是这些留学生对日后陈独秀的发展起到了重要作用。当时东京的中国留学生不到一百人,在这些老留学生中陈独秀结识了很多有志青年，他们有着共同的理想，一起加入了励志会等先进的留学生进步团体。

他们对现实进行探讨，渐渐地分歧出现了。曹汝霖和章宗祥提倡缓慢稳步进步，然而陈独秀属于激进派。分歧越来越大，陈独秀选择尊重自己的想法，退出了这个协会。后来，他又参加了与他更加志同道合的青年会。青年会是在日本留学生中具有一定影响力的民主革命团体。在这里，陈独秀结识了更多与他有相同理想和志向的人们，而这些人和日后的陈独秀一样，是中国变革的重要人物，如黄兴、陈天华、章太炎等人。

面对这些进步团体，清政府采取了一些措施管束他们。于是清政府安排特派人员姚昱到达了日本。姚昱这个人生活十分腐败，思想守旧，显然对寻求进步的青年们抱有很大的意见，所以，他对这些学生采取了压制措施。半年后，也就是1902年的春天，陈独秀听闻清政府和俄国签订秘密协定，决定返乡回家。

回国后的陈独秀先去南京拜访了大学者汪希颜，在他的介绍下结识了章士钊，这是他日后重要的革命伙伴。后来回到安庆，他与志同道合的好友潘赞化等人在安庆北门藏书楼组建了青年励志社，并准备创办《爱国新报》。在这里，他们传播先进的革命思想。可惜好景不长，他们的活动被清政府注意到，要求安庆当局取缔这一组织，这些青年励志社的骨干分子被作为通缉对象在安庆境内进行通缉，这个消息很快就传到了陈独秀的耳朵里。

为了保护自己，1902年9月，陈独秀第二次东渡日本。这次陈独秀进入了东京成诚学校进行陆军学习。在此期间，陈独秀认识了冯自由、张继等人，与他们一起组织了中国青年会，中国青年会是在日留学生中最先出现的爱国组织。

在这里，陈独秀人生里的另一个重要人物出现了，那就是他的同学汤尔和。汤尔和与陈独秀不仅兴趣理想相同，而且汤尔和很欣赏陈独秀对于革命积极进取精神和对学问研究严谨的行事风格，在不断的相处中两人的友谊日益深厚。

1903 年，俄国拒绝按照《中俄交收东三省条约》中说的撤离东三省，反而意图加大自己的侵略脚步，将东北蒙古划到自己的统治下。消息传到日本，这些进步青年感到十分愤怒，自发组成了抗俄义勇军，想去东北和俄军决一死战。清政府听说了这个消息后，马上联络日本政府，姚昱与日本政府一起将这支学生军队强行解散。这引起了更大反抗，张继、邹容、陈独秀这三个热血青年商量着要给不作为的清政府一点颜色瞧瞧，首当其冲的就是要对付这里的清政府代表人姚昱。三个人趁着夜深人静闯入了姚昱的房间，三个人分工合作，此时的姚昱早就被吓得瘫倒在地上，以为这三个人想要了自己的脑袋，赶忙跪地求饶。没想到的是张继抱住姚昱的腰，邹容握住他的脑袋，陈独秀拿着剪子，只听"咔嚓"一声，姚昱的辫子被剪掉了。

这一剪深深地落在了陈独秀的心上，这是有象征意义的一剪。从 15 岁起，陈独秀的梦想就是救国救民，今天这一剪让他更加明确了去掉国民"灵魂中的长辫"是多么重要。剪掉头上的辫子只需要一下，但是灵魂上、思想上的长辫呢？陈独秀一生都在为这项事业奋斗着。清醒过来的姚昱发现辫子被剪，赶忙报警，这让清政府感觉脸面尽失，他们要求日本政府迅速捉拿这三个肇事者，陈独秀被驱逐回国。

1906 年的夏天，陈独秀与苏曼殊结伴再次来到日本。这是陈独秀第三次来日本，虽然这次不是为了学习而是旅游。陈独秀认识了在早稻田大学留学的光宣甫、光明甫、江彤候等人，而且友谊日渐深厚。

暑假很快就过去了，陈独秀和他的同行者一起回国，他在皖江中学当了一名教师，章士钊、刘师培等人也被他力荐到这里成为老师。在教书的同时，陈独秀并没有放弃革命活动，但是很快又被人告发。

于是，陈独秀在 1907 年的春天再次来到了日本东京，这次他进入专业的英语学校进行英语的学习。在学习的同时，陈独秀继续参加各种革命活动。除了学习英语外，陈独秀还进行音韵文字学的研究。这次，陈独秀在日本待的时间比较长，他与章太炎进行了密切的交流，他非常赏识章太炎的"小学""朴学"，也对"小学"进行了研究。在此期间陈独秀曾回国一次，参加了安徽的教育大会，提倡对教育进行改良。

1909年9月，陈独秀回国。

1914年7月，陈独秀又一次东渡日本，这也是陈独秀最后一次到日本，他先进入了雅典娜法语学校进行法语的学习，同时与章士钊参与《甲寅杂志》的编辑。这段时期，陈独秀的日子过得十分清苦，最穷的时候全身只剩下一件衬衫。

陈独秀的求学之路，并不是一帆风顺的，中间有过很多挫折。但不管在什么的条件下陈独秀始终不曾放弃两件事：一是学习更多的技能；另一个就是坚持自己的理想。

几度风雨几度春秋

陈独秀的一生，几经起伏，历史上对他的评价也各有千秋。陈独秀的感情经历更为后人所关注。

陈独秀的第一个妻子是由母亲选定的。1896年陈独秀院试夺魁后，上门提亲的人络绎不绝，平时对陈家嗤之以鼻的一些高门大户对陈独秀也很垂青。

其中最让陈母满意的，是安庆统领高登科的长女高晓岚，本名高大众。高晓岚虽然目不识丁，但是在传统的礼教下，其温良贤淑的品性更得陈母之心。

两人第一次相见是在高府。高晓岚虽然大陈独秀三岁，但是"女大三抱金砖"的说法，也让母亲较为满意。这次相见，一个是眉目清秀的小巧佳人，一个是潇洒得意的新科子弟，互相倒也中意。次年冬天，两人完婚，新婚燕尔，彼此相亲相爱。

慢慢地，两人之间的差距也随着朝夕相处而逐渐显露出来，两人文化

背景、性格均存在着巨大的差异，不断的争吵使两人的婚姻蒙上了一层阴影。戊戌变法失败后，陈独秀想要采取更加激进的革命方式进行革命，这显然不符合高晓岚只图家和圆满、平平安安的想法。不久陈独秀就计划去日本留学，将一家老小托付给了高晓岚。

到了日本的陈独秀更想摆脱这种封建婚姻的牢笼，他渴望寻求自由幸福的爱情。1930 年，高晓岚去世，她至死也没有离开过陈家。这时的陈独秀，只能托付儿子松年替他给妻子烧些纸钱，以弥补他的愧疚之情。

陈独秀的第二任妻子，在他正在为自己令人窒息的婚姻迷茫困顿的时候出现了。这个人不是别人，正是高晓岚同父异母的妹妹高君曼。两人虽为姐妹，整个人生却截然不同，高君曼在父母的呵护下长大，性格热情活泼，就读于北京女子师范学校。她喜欢追求新事物，也能充分接触到新学和新的政治想法。而此时的陈独秀正是社会上闻名遐迩的新派之士，她非常崇拜这位正在政坛上建立自己地位的姐夫，每当寒暑假到来的时候，她总要借着去看姐姐的名义和陈独秀攀谈。

这样一位美丽年轻而且能理解他的想法的女孩，让陈独秀看到了新的希望。两人经常在一起谈论理想、政治、文学，甚至爱情，日子久了两人的感情渐渐地显露出来。这段不能为世俗接受的感情遭到家人强烈的反对，但这并没有让两个人分开，反而让他们走在一起的信心更加坚定。

1910 年，陈独秀带着高君曼来到了杭州。陈独秀当了一名小学教员，并与高君曼结为夫妻。两人物质生活虽然并不富足，但内心感到十分幸福。陈独秀所进行的革命事业与高君曼息息相关，两人共同经历了二次革命、"五四运动"等，陈独秀参加这些活动的背后都离不开高君曼的支持。

为了丈夫的事业，高君曼付出了所有，但是各种疾病也随之而来。当她听说陈独秀已另结新欢，高君曼感觉再也无法和陈独秀共同生活下去了，两人最终在 1925 年决裂分手。

笔落惊风雨

陈独秀的文化学术活动是从创办报刊开始的。

因为当时的清政府对言论强加限制，对创立上海《苏报》的知识分子进行迫害，鉴于当时的形势，陈独秀创办的《国民日日报》应运而生。

1903年《国民日日报》创刊，陈独秀担任主编，主创人员均是陈独秀革命过程中结识的朋友。陈独秀和章士钊两人辛勤工作，时常整夜不睡校对文稿。那时办报的条件十分清苦，人员不够不说，物质条件极差，陈独秀在一个小屋里终日耕耘，整日不出屋，更没有时间收拾自己。章士钊曾经回忆那时的陈独秀，不穿什么衣服，但是皮肤白星点点，问之何物，陈独秀丝毫不介意地说是虱子。

陈独秀倾心倾力的《国民日日报》内容十分丰富，不仅有社论讲坛，还有时事短评，世界上的奇闻异事等。但是在清政府的排挤下，《国民日日报》仅仅存在了3个月。

后来陈独秀又创办了《安徽俗话报》。为了办好这份报纸，陈独秀付出了更大的努力，这种努力的精神深深打动了蔡元培，这成为蔡元培聘请陈独秀担任北大文科学长的基础。《安徽俗话报》为半月刊，主要是批评、揭露、和谴责，但又不失趣味性。

不久，更重要的报纸《新青年》出现了。《新青年》从一创刊就高举德先生（民主）和赛先生（科学）的两面大旗。启蒙运动的形式多种多样，显然《新青年》的出现推动了或者说揭开了中国启蒙运动的序幕。陈独秀在这份报纸上更加肆意地阐述自己的政见，创刊文章《敬告青年》给沉睡了五千年的中国带来了暴风骤雨般的觉醒，犹如一泓清泉流入了人们的心中。

有人曾这样评价过：《新青年》对于青年人来说像春雷初动一样，他们

先是认识到自己身为青年人的责任，然后更加深刻理解了自己所处的时代，最终号召更多的青年投身于革命事业。周恩来在东渡日本时也曾深深受到《新青年》的影响，他对于《新青年》所提倡的排孔、独身革命等理论都十分赞同。而毛泽东也曾说过，在师范学校读书时期经常阅读《新青年》，而且十分佩服陈独秀、胡适等人。

之后陈独秀和李大钊又共同创办了《每周评论》，其内容多为学术性文章。《每周评论》每周一期，紧跟时代脚步，结合当时的政治革命，文章篇幅虽小，但能够阐发思想，对反动的军阀统治进行猛烈的抨击，无情地揭露帝国主义的丑恶嘴脸。

陈独秀的政治历程十分坎坷，几多波折，几多起伏。

1919 年春天，中国报刊刊登了《苏俄友好宣言》，该《宣言》取消沙俄时期与中国签订的不平等条约及密约，将侵占和掠夺的领土归还中国，同时建议两国建立友好关系。此时的共产国际也派代表来中国了解"五四运动"及其领导人物。这一时期，中国舆论界对苏俄政府的好感空前增强。共产国际的代表人物维经斯基与陈独秀在上海会面，并成立马克思主义研究会。同年，中国共产党成立，陈独秀被选为书记。8 月 22 日，社会主义青年团在陈独秀家中成立。1921 年，陈独秀在中共一大上被选为中央局书记，后在中共二大上被选为中央执行委员会委员长。从"一大"到"五大"，陈独秀一直是中国共产党的重要领导人。1927 年，中国大革命失败，陈独秀成为斯大林主义的替罪羊。同年 7 月中旬，中共中央政治局改组，陈独秀离开中央领导岗位，以在党内成立小组的方式展开活动。1929 年，他被开除党籍。

结语

物竞天择，适者生存。在恶劣的环境下，能够生存下来的一定是强者。然而，能在恶劣的环境中脱颖而出，那肯定是强者中的强者。

陈独秀便是这样的强者，他能在如此恶劣的历史环境下，成为我国第一个举起民主和科学大旗的人，他是新文化运动的发起者、组织"五四运动"的领导者、宣传马克思主义的重要传播者、中国共产党的创始人之一。试问，能有几人可以做到这种程度？

从少年、青年，再到老年，不管在什么样的条件下，他的气节和思想永远不会改变。而我们学习的更应该是陈独秀身上那种对美好未来永不停止追求、对梦想永不放弃的精神。

民国大师的青涩年代

第十六章 陈独秀
叛逆爱国者和启蒙大师

民國大師的青澀年代

陈独秀

鲁迅

钱锺书

林语堂

林徽因

胡适

沈从文

张爱玲

徐志摩

第十七章　蔡元培

学界泰斗，人世楷模

印象卷语

　　提起蔡元培，在他的诸多身份中，北京大学校长一职是最为瞩目的。他一生爱国，并致力于科学与民主的践行，奠定了我国新式教育制度的基础，为我国教育、文化、科学事业的发展作出了富有开创性的贡献。毛泽东赞誉一生清廉正直的他为"学界泰斗、人世楷模"，一点都不为过。

　　世界上最美的婚姻指南——《夫妻公约》竟然是由他创作的，这着实让人吃惊。也许在多数人的眼里，他是一个严肃的民主斗士，与清廷斗过，与袁世凯斗过，与北洋军阀斗过，与蒋介石斗过，多次被通缉，多次收到恐吓信。但为了救国的理想，他毫无所惧，终生致力于科学民主与教育事业，其不屈不挠的可贵精神，其有节有方的管理智慧，均使后辈肃然起敬。

科举中走出来的教育家

　　4岁的蔡元培始入家塾，少年时在绍兴古越藏书楼校书博览群书。

　　蔡元培11岁时父亲去世，12岁那年寄居到姨母家读书。13岁时再由姨母家转到李姓塾师家读书。

　　蔡元培17岁考取秀才，18岁时设馆教书，22岁时中举人，23岁时，进京会试得中贡士，未参加殿试。25岁时，经殿试中进士，他被点为翰林院庶吉士，殿试策论成绩为二甲34名（相当于于全国统考第37名），考题是《西藏的地理位置》。27岁时应散馆试，得授职翰林院编修。

蔡元培小时候就初读了《百家姓》《千字文》《神童诗》等，后来读《大学》《中庸》《论语》《孟子》等，最后读《诗经》《书经》《周易》《小戴礼记》《春秋左氏传》。13 岁时，蔡元培读《礼记》与《左传》(《春秋左氏传》的简称）时，已经学作八股文了。17 岁，他考取了秀才，补读《仪礼》《周礼》《春秋公羊传》《春秋穀梁传》《大戴礼记》等经。

　　在朝中做事的蔡元培，无法说服统治者进行革新，他深知自己的学识无法发挥作用。于是在 31 岁那一年，他毅然抛弃官位，像个勇士一般，实现了人生的首次重大转型——弃官从教。

　　善于改变，意味着常有改革之举。那个年代的朝廷官员的权势都是令人羡慕不已的，可是蔡元培意识到无法在朝廷中伸展拳脚，于是走上从教的道路，这也是审时度势之后的决定。在那个时代，做出这个决定也颇需要一些勇气。

　　在这段从教的生涯中，蔡元培不断地反思教育的问题，不断充实自己。33 岁时因为妻子的封建思想致使他们的感情常有不和，加之他逐渐接触到西方思想后，他开始思考女权问题，并写出了《夫妻公约》，找出了女权问题的症结所在，使当时的妇女权益和地位得到了极大的改善。

　　在任教之余，蔡元培还游历日本并赴德留学，在德国莱比锡大学研读哲学、心理学、美术史等，更使其学业生活充实。

　　蔡元培深知世界先进学术的重要性，他在"世界学术德最尊"之称的德国进行研修。为了更为广而深地了解世界科学，他又赴日本、德国、法国、英国、比利时、意大利、瑞士、匈牙利、荷兰等国游学。他先后拜会过科学巨匠居里夫人、爱因斯坦等，并邀请他们来华讲学。

　　国外的文化固然先进，但蔡元培并不是到国外乱采一通。他有的放矢，去其糟粕，取其精华。在传统文化和外来文化之间，他懂得拿捏分寸，他在中国文化的基础上去吸纳西方文化，将西方的自由、平等、博爱的民主思想和中国的古训相互融合、调和后再作使用。这种以本土文化为根，吸收消化外来优秀文化的做法，达到了极好的效果。

蒋复璁先生说："蔡先生的伟大，其实也是我们历史、哲学的伟大……蔡先生的精神是我们历史、哲学的精神，也就是我们国家民族的精神。"

傅斯年说："蔡元培先生实在代表两种伟大文化：一曰，中国传统圣贤之修养；一曰，西欧自由博爱之理想。此两种文化，具其一难，兼备尤不可觏。先生殁后，此两种文化，在中国之气象已亡矣！"

因此，有人称赞蔡元培"出于中国文化，又能转而投向欧洲文化回头，又能将欧洲近代文化的精神用于中国，终身没有丧失信念"。

蔡元培创校办报，主张采用西方教育制度，废止祀孔读经，实行男女同校等改革措施。在任北京大学校长一职后，他又支持新文化运动，提倡学术研究，主张"思想自由，兼容并包"，实行教授治校。

"五四运动"中支持学生爱国行动，他多方营救被捕学生。被迫辞职后，他多次赴欧洲英、法等国考察教育和讲学。

他是中国近现代美育的倡导者，主张从家庭教育、学校教育、社会教育三方面实施美育。他设想通过胎教院、育婴院、幼稚园三级机构实施学前儿童美育：把胎教作为美育的起点；让婴儿及其母亲生活在由自然美和艺术美构成的环境之中；认为幼稚园的美育一方面通过舞蹈、唱歌、手工等"美育的专题"进行，另一方面则要充分利用各种美育因素，如"计算、说话，也要从排列、音调上迎合它们的美感，不可枯燥的算法与语法"。

出任北大校长，人称"北大之父"

蔡元培接到命令要执掌北大时，他还在德国、法国考察学习，于是，他被紧急召回国内。他接手北大时，学校氛围极其不好，大多数人是怀着升官发财的梦想而进入学校的，很少有人为了学术研究和深造而上大学，这种官僚习气弥漫整个校园的状态亟待改进。

在这种形势下，重新开始尊重每一个人，抓好身边每一件小事，是蔡元培的第一个策略。他以身作则让大家明白，学校是踏踏实实研究学问的地方，不是当官发财的良土。

在管理中，蔡元培排除万难将先进独到的教学思想和西方先进国家的教育方针和制度付诸实践。蔡元培求贤若渴，不拘一格招纳贤才，用人之气量与魄力深受后世赞美。

胡适、李大钊等人被蔡元培纳入门下，以此增强北大的思想和文化氛围。另外，蔡元培还引进了不少的新派学者。年仅 24 岁的梁漱溟被北大破格聘用来讲印度哲学，最后他在北大的舞台上成了举世闻名的大哲学家。

《新青年》主笔陈独秀回忆说："蔡先生约我到北大，帮助他整顿学校。对蔡先生约定，我从来没有在大学教过书，又没有什么学位头衔，能否胜任，不得而知。我试干三个月，如胜任即继续干下去，如不胜任即回沪。"蔡元培爱才到了不惜一切的地步，陈独秀没有学校要求的履历，蔡元培甚至亲自为他杜撰了履历，才使他顺利任教于北大。

吐故纳新之后，北大的学术气氛大大活跃。一方面蔡元培大力纳贤，另一方面他绝不手软地摒弃庸才。这一点使他遭到洋教员的控告，蔡元培则一笑置之，根本不予理会。在蔡元培的观念中，教育质量才是最重要的。

林语堂在北大任教多年，他深有感触："我深信凡真正的教育，都是风气作用。风气就是空气，空气好，使一班青年朝夕浸染其中……学问都会的……因为学问这东西，属于无形，所求于朝夕的熏梁陶养……古人所谓春风化雨，乃得空气教育之真义……"

用人制度改革之后，据北京大学 1918 年年初的统计，全校教员 217 人中有 90 位教授，平均年龄仅 30 岁。统计显示：50 岁以上 6 人，35 岁以下 43 人，其中陈独秀 39 岁，梁漱溟 24 岁，徐家瑛 25 岁，朱家骅 26 岁，李大钊、刘文典、胡适 28 岁。

在当时的各方阻挠下，如此彻底推行各项改革措施，简直难以想象。蔡元培大刀阔斧地改革，使北大过去的陈腐一扫而光，年轻和活力焕然一新，师资队伍的强大使北大成为鲁迅所说的"常为新的改进的运动的先锋"。

北大名家云集，鼎盛一时。北大因蔡元培的到来获得了新生，最终迸发出青春的活力，从而成为了真正的大学。

三段婚姻，见证时代变迁

蔡元培的三次婚姻经历体现着他的思想变革，也见证了中国近现代社会的变迁。

蔡元培和第一任妻子王昭，他们婚前从未见过面，就依了父母之命、媒妁之言，行了旧式婚姻。蔡元培最初尚抱有"夫为妻纲"的旧思想，他们婚后的生活极为不协调。有洁癖的王昭非常节俭，而从来不拘小节的蔡元培则有"大男子主义"，他希望妻子能对他无条件地服从。可当时的妇女地位再低，哪里能做到事事都无条件地服从呢？这自然会引发口角和矛盾。

于是，蔡元培重新定义了女权，并写下《夫妻公约》。他以此调整了与妻子的相处模式，之后他们的婚姻生活有一些改善，裂痕也有所修复，但不幸的是，一年以后妻子病逝了。

第一任妻子对蔡元培的影响很大。王昭追求进步，也不爱慕虚荣，默默地跟随着丈夫，是那个时代知识分子家庭中新女性的代表。后来蔡元培回忆："余惟时时以解足缠、去华饰、不惑鬼怪为言，君颇以为然，而将次第实行之，余亦不之强，而俟其深悟而决去也。以是各信谆劝之有趣，而几忘狎媟之为乐。伉俪之爱，视新婚有加焉。君澹于世荣，自归余，余侥幸入科第，君不以为喜。及官京师，阒然不趋事权要。戊戌九月，决然相与携两儿出都。孑孑道路，辛苦备尝，君不以为怨。"

丧妻之时的蔡元培才 33 岁，此后，提亲的人络绎不绝。蔡元培挥笔写下五条征婚要求：第一是不缠足的女性；第二是识字的；第三是男子不得娶妾、不能娶姨太太；第四，如果丈夫先死那么妻子可以改嫁；第五，意见不合可以离婚。

面对如此高的要求，媒人们再也不敢提婚约之事。

后来蔡元培在杭州办学时，被一幅工笔画中娟秀的字吸引，一打听才知道该画是江西名士黄尔轩的女儿黄世振（又名仲玉）所作。这段姻缘也便由字画开启了。

对照蔡元培的征婚要求，出身于书香门第的黄仲玉完全符合他的择偶标准。第二年，蔡元培就在杭州举办了他的第二次婚礼。他们的婚礼一改当年的旧俗，举行了中西合璧的婚姻演说会。参加婚礼的人可自由言说"妇女解放"，他的这一次婚礼革除了闹洞房的陋俗，无不展示着崭新的生活面貌。

在第二段婚姻生活中，蔡元培已经不再是当年那个"大男子主义者"了。随着思想的变迁，他的内心也经历着变化，他已然成为一个为妇女寻求平等的斗士。可是好景不长，1920年底，在蔡元培被北京大学派遣去欧洲考察期间，他的第二任妻子离世了。

在第三段婚姻生活中，小他22岁的周竣走进了他的生命。周竣与蔡元培相识于上海爱国女校，她对蔡元培 见倾心。自从相见后，她一直珍藏着自己对蔡元培的敬仰和敬佩之情，直到33岁还未嫁人。1923年两人终成眷属。

百花齐放，百家争鸣

任教北大时的蔡元培，爱才惜才，爱学惜学，涵养高雅，从不以权压人。

蔡元培第一天到北京大学任职时，同事校友们在大门口列队欢迎他。蔡元培面对前来迎接他的人脱帽致意，不断地说着谢谢和辛苦。他的和蔼可亲让大家很是惊讶，于是亦不断赞赏他的平易近人。

1917年，《石头记索隐》一书出版之时，人们的反清情绪正过于浓烈。

当时蔡元培在书中持这样的观点——《红楼梦》是一部"政治小说","作者持民族主义甚挚，书中本事，在吊明亡，揭清之失，而尤于汉族名士仕清者，寓痛惜之意"。在蔡元培的重新评判下，《红楼梦》得到广泛传播。

推翻索隐派，是当年胡适研究红学的目的。于是胡适在 1921 年发表的《红楼梦考证》中，毫不客气地指出蔡元培的索隐是牵强附会的"大笨伯猜笨谜"的方法，认为校长和他的亲友团走错了路。为了推翻蔡元培的观点，胡适四处寻找《四松堂集》，这书中有曹雪芹身世内容。正当胡适四找都找不到的时候，蔡元培却借来这本书给胡适。胡适根据书中的史料记载，更加充分地证明了自己"《红楼梦》是曹雪芹自述"的说法。

两相争论不下，蔡元培还亲自给对方送资料，这等涵养莫不让人崇拜和尊敬。

还有一次，在北大的课堂上，钱玄同和黄侃同时在相对的教室里讲课。黄侃大骂钱玄同的荒谬观点，却丝毫不影响钱玄同的讲课。蔡元培在针对教授们所持的不同学术观点时说："循思想自由原则，兼容并包。无论何种学派，苟其言之成理，特之有故，尚不达自然淘汰之命运，即使彼此相反，也听他们自由发展。"

正是因为蔡元培海纳百川的胸怀，北大在他的引领下，各派学说兼容并包，自由表达，百花争艳，成为盛产大师之地。

蔡元培执掌北大之后，身体力行地践行着"思想自由，兼容并包"的方针。"一花独放不是春，万紫千红春满园。"不同的思想在这里碰撞，不同的风格营造了共同的魅力。北大一时百花齐放，百家争鸣，教学相长，学术精进。学术民主，教学自由，使每一朵"花儿"都能在此尽情绽放。

在蔡元培执掌北大期间，北大也允许女生入学。这在当时实属一件骇人听闻的事情，几乎轰动了整个社会。

蔡元培曾谈道："有人问我：'兼收女生是新法，为什么不先请教育部核准？'我说：'教育部的大学令，并没有专收男生的规定；从前女生不来要求，所以没有女生；现在女生来要求，而程度又够得上，大学就没有拒绝的理。'这是男女同校的开始，后来各大学都兼收女生了。"

轰动之余，人们就慢慢接受了蔡元培的思想。自此，男生女生都可以一起应考了。

如杜威所说："拿世界各国的大学校长来比较，牛津、剑桥、巴黎、柏林、哈佛、哥伦比亚等等，这些校长，在某些学科上有卓越贡献的不乏其人；但是，以一个校长身份，而能领导那所大学对一个民族、一个时代，起到转折作用的，除蔡元培而外，恐怕找不出第二个。"

结语

人生是一场修行，内外兼修的人最后才能脱颖而出。

罗家伦赞誉蔡元培说："千百年后，先生的人格修养，还是人类向往的境界。"是的，这么多年来，"思想自由，兼容并包"这八个字依然是蔡元培的代名词，也是北京大学的代名词。

他治学严谨，他治家有方，他于情专而不厌，他于友包容有加……他的一生，两袖清风，全身心将教育践行于校园、家庭和朋友之间，通过自我修炼成为了受人敬仰的一代人师。

民国大师的青涩年代

第十七章 蔡元培
学界泰斗，人世楷模

民國大師的青澀年代

陈独秀

鲁迅

钱锺书

林语堂

林徽因

沈从文

胡适

徐志摩

张爱玲

第十八章 张爱玲

民國才女，風華絕代

印 象 卷 语

　　张爱玲，原名张瑛，1920 年 9 月 30 日，出生于上海麦根路（今泰兴路）。1924 年，张爱玲开始私塾教育；1932 年，张爱玲首次发表短篇小说《不幸的她》；1933 年，张爱玲发表第一篇散文《迟暮》；1942 年夏，张爱玲正式开始了他的写作生涯。

　　张爱玲的童年是很不幸的，曾遭父亲毒打，后父母离异，凡此种种都成为张爱玲的人生经历和创作素材。

　　张爱玲是 20 世纪中国文坛的一代天才作家，无数人为她的作品所倾倒，可是她的人生却充满意外。非此，张爱玲不成张爱玲；非此，人间亦不得今时今日之张爱玲。

寂寞童年"冷"

　　张爱玲的小说里从来都是飞扬热闹的人生场面，可是寂寞苍凉才是其真正的底色。在她漫长的人生中，从童年起，寂寞的日子就如影随形。或许，天赋太盛，便易为造物主所忌。

　　张爱玲于 1920 年 9 月 30 日出生在上海公共租界的一栋清末仿西式住宅中，她家世显赫，祖父张佩纶是清末名臣，祖母李菊藕系出名门，是清末洋务派重臣李鸿章的女儿。但到了父亲张廷重一代，却不免令人失望，和大部分封建家族的遗少一样，父亲依靠祖上声名和财产的荫蔽，生活腐朽糜烂，吸食鸦片，流连烟花场所，不思进取。这些都令受新式教育影响的张爱玲母亲——黄素琼（字逸梵）感到愤怒和绝望，于是在生下张爱玲和弟弟后，毅然地离开了这个颓败萧索的旧式家庭，远去欧洲留学。

这个一生追求自由和幸福的女性黄素琼，在成为少年张爱玲精神偶像的同时，也在张爱玲的心灵上留下了永远的伤口。幸好，这些并不影响她在写作方面的天赋。

1924 年，张爱玲开始接受私塾教育，读诗背经使她对中国的传统文化有了一定的兴趣。此后她不断学习开始了自己的小说创作，第一篇处女作便写了一个家庭悲剧，由此不难看出家庭环境对她的影响；第二篇则写一个女郎失恋乘车去西湖这个充满诗意的地方投湖自杀，这也充分显示了她在文学方面的创造力。

张爱玲曾在散文《天才梦》里写过一段这样的自述："我是一个古怪的女孩，从小被认为是天才，除了发展我的天才外别无生存的目标。然而，当童年的狂想逐渐褪色的时候，我发现我除了天才的梦之外一无所有——所有的只是天才的乖僻缺点。"

事实上，张爱玲的的确确就是个天才。她 3 岁时已能背诵唐诗，摇摇摆摆地站在一个满清遗老的藤椅前吟诵"商女不知亡国恨，隔江犹唱后庭花"。至 7 岁，便能读《红楼梦》这样的古典名著。一个人在少年时，读些什么书并没有什么理由，可余生却会被书中的思想所左右。成年后的张爱玲创作的小说，也多是古典情怀中的爱情悲剧。

1925 年，母亲黄素琼以监护小姑子留洋为由出国了。此时尚且 4 岁的张爱玲正是需要母亲关爱呵护的时候，母亲却在她的生活中消失了，而且一走就是 4 年。自幼不得父亲关爱，又缺少母亲的照顾，这时间是多么地漫长，每一个黑夜又何时才是尽头呢？

春夏秋冬，母亲来来去去。在张爱玲的记忆中，母亲来了，母亲又走了，她是一个"神秘而辽远的存在"，可是对于一个孩子而言，一个能传递暖暖爱意并陪伴他们的平凡母亲，好过一个高贵冷艳的不平凡母亲的。

日子再难，也要挨过。不知不觉，张爱玲已经 10 岁。那年，母亲从西洋回来和父亲离婚，离婚协议上要求，必须让两个孩子接受新式教育。

不久，张爱玲便被送进了黄氏小学，张爱玲已有一定的国文和英文基础，于是从四年级插班就读。在填写入学资料的时候，因为张爱玲的母亲嫌"张瑛"这两个字不够美，于是"暂且把英文名字胡乱译两个字罢"，于是就选取"ailing"（意为"生病的"）这个描述她当时心情单词的音译作为她的名字。没想到张爱玲这三个普通的字随意组成的名字，后来却响彻了整个 20 世纪的文坛。

学校自由宽容的环境，给了张爱玲更多的发展空间，她的写作才华再次得以展露。1932 年，她在学校校刊上发表了短篇小说《不幸的她》。

这是她第一次公开发表的文章，可是若干年后，她的小说大部分仍是在写"一个不幸的她（女人）"。少年时期的生活阴影太重，她的小说起笔便都是悲剧。可不得不说，这些悲伤情怀与不幸不仅伤害了她，也成就了她。她出身名门，可是生活却十分不幸，这种渗入骨髓的悲哀，让张爱玲的文章有一种精致的颓废，这成就了中国现代文学史上的张爱玲。

自由在家门外

父母离婚后，父亲的太太，张爱玲的新母亲出现在他们的生活中。

并非天下所有称为母亲的人都担得起"母亲"这个称号，尤其是后母。从进门起，这个"新母亲"就没给过张爱玲和弟弟好脸色看。

这时的张爱玲已经进入教会学校学习，虽不常在家住，可是生活仍全靠家里供给。继母来了，日子变得更艰苦了。

张爱玲的青春期该怎么熬过去呢？这个时期的女孩子是最喜欢也最应该打扮的时候，但在这个不缺钱的家庭里，张爱玲却永远只能捡继母穿剩的衣服。那一件暗红色的薄棉袍，碎牛肉的颜色，像永远穿不完似地一直穿在她身上，就像浑身都生着冻疮，那样羞耻与憎恨。

父亲和后母居住在大洋房里，宽敞却古老沉闷，里面的生活有的只是不愉快的记忆。张爱玲明显更喜欢母亲和姑姑的小公寓，这种明显的不加掩饰的偏爱，却给张爱玲带来了不小的灾难。

中学即将毕业的时候，母亲从法国回来了，为了留学费用和父亲商量，结果父亲却避而不见，两人间的矛盾积怨不断加深。张爱玲也想像母亲一样自由，小心紧张地提出也想出国的要求，不料却词不达意，激怒了父亲。父亲疑心她是受了母亲的挑唆，想着多年来由自己供养生活，结果张爱玲的心却在母亲那边，勃然大怒。于是父亲把对母亲的怨气一股脑儿地发泄在了张爱玲身上。加之后母在旁边煽风点火，父亲此次对张爱玲格外心狠，拳打脚踢，还把她监禁了起来，就连第二天来为张爱玲求情的姑姑也受到牵连，被打得住进医院。自此，兄妹俩终生不再有交往。然而被监禁期间，张爱玲生了很严重的痢疾，父亲却不管不顾，差点令张爱玲丧命。所幸她慢慢熬过了这场病，可是没有自由，时间依旧难熬。

半年的监禁生活，让张爱玲无比渴望自由。好在保姆何干，对张爱玲还是有些真感情的，时常作为信使给她和母亲传递消息。从父亲家里跑出来之前，母亲通过何干秘密传话给张爱玲："你仔细想一想，跟父亲，自然是有钱的，跟了我，可是一个钱都没有，你要吃得了这个苦，没有反悔的。"当时虽然被禁锢着，渴望着自由，与父母哪一方生活的问题也还使张爱玲痛苦了许久。后来想到，"在家里，尽管满眼看到的是银钱进出，也不是我的，将来也不一定轮到我，最吃重的最后几年的求学的年龄反倒被耽搁了。这样一想，立刻决定了。这样的出走没有一点激昂，我们这时代本来不是罗曼蒂克的。"

于是，张爱玲下定决心离开这个"家"，趁着月夜，趁着人们懈怠的时候，张爱玲一鼓作气地跑到了母亲的住处。

这段不愉快的家庭生活，在张爱玲脑海中留下了不可磨灭的印象。这一时期对她人生的重要影响，主要表现在情感上。她渴望有一个温馨友爱的家庭，她不要寂寞，不要家庭的不和谐。

"出名要趁早"

和母亲生活在一起，虽不用担心被虐待，可是母亲黄素琼没有工作，缺少一定的经济收入，她们的生活过得很拮据。随母亲上街，张爱玲看见美丽摩登的衣服在橱窗里发出莹莹的光芒，却永远不敢开口向母亲提出要求。多年后，回忆往事，张爱玲曾写下这样的一次经历：刚离开父亲家不久，和母亲去舅舅家做客，舅母说，等她翻箱子的时候要把表姐们的旧衣服找点出来给她穿。张爱玲立刻红了脸，眼泪滚下来了，不由得想：从几时起，轮到我被周济了呢？她连忙说，"不，不，真的，舅母不要！"

都说张爱玲出身大家贵族，至少是个没落贵族，可是为生计发愁困窘到这个地步，又是我们难以想象的。后来，张爱玲看似幽默地在文章里写道："一学会'拜金主义'这名词，我就坚持我是个拜金主义者。""能够爱一个人到向他伸手要零用钱的地步，那真是个严格的考验。"不知情的人也许会含蓄地笑笑说张爱玲"真俗"，永远在斤斤于计较金钱，可是知情的人才会明白这里面的泪和痛。

时间吞没了所有的人和事，同样，她也会吞没张爱玲的苦难，苦难过去了，但留下的伤疤却永远不会消失。

弟弟张之静在回忆姐姐张爱玲时，提到有一次姐姐对他讲"一个人假使没有什么特长，最好是做得特别，可以引人注意。我认为与其做一个平庸的人，过一辈子清闲生活，终其身，默默无闻，不如做一个特别的人做点特别的事。大家都晓得有这么一个人，不管他人是好是坏，但名气总归有了"，这也许能非常恰当地诠释张爱玲做人的哲学。

是啊，"出名要趁早"，张爱玲很早就做到了。

1938 年夏，英国伦敦大学在上海举行入学考试，包括日本、香港、菲律宾、马来西亚等整个远东区的考生，张爱玲获得远东区的第一名。有人说，天才便是如此，也许连一个苹果都削不好，但是却能在自己的领域内拔得头筹。这么来形容张爱玲，一点不为过。

的确，她在日常生活中惊人地愚笨。"我母亲给我两年的时间学习适应环境。她教我煮饭；用肥皂粉洗衣；练习行路的姿势；看人的眼色；点灯后记着拉上窗帘；照镜子研究面部神态；如果没有幽默天才，千万别说笑话。在待人接物的常识方面，我显露惊人的愚笨。我的两年计划是一个失败的试验，除了使我的思想失去均衡外，我母亲的沉痛警告没有给我任何影响。"

可惜她生不逢时。1938 年远东战事爆发，张爱玲去伦敦大学的事只能化为泡影。次年，改去香港大学念书，她发奋用功，"偷空的游山玩水，也认为是糟蹋时间"。她揣摩每一个教授的心思，样样功课考第一，连得两个奖学金。甚至有个教她的先生说，教了十多年的书，从来没给过学生那么多的分数。

张爱玲希望毕业后能被送往英国读书，然后在牛津大学读博士，可是这个天才女子的命运实在不好，又打仗了。因为战事，她的希望再次破灭。珍珠港事件后，香港沦陷，学生们被迫停止学业，张爱玲只好和在这里结识的终生的好朋友炎樱结伴回到上海，自此开始卖文为生。

1942 年，上海被日军占领，形成独特的"孤岛"形态，然而这种环境却让张爱玲的文章大放异彩，一支生花妙笔让张爱玲迅速蹿红。短短几个月，她的新闻就占据了上海各大报头，她时常的"奇装异服"，显赫的身世，都让人们对她充满了兴趣和好奇。

仿佛一夜之间，她真的成为了传奇。小说里再怎么冷静清醒，现实中的张爱玲仍然渴望着爱。在她红透半边天的时候，她迎来了生命里的第一次感情。

旷世之恋，缘起缘灭

《圣经》里说，爱如捕风。是啊，爱情从来就如风似影，来的时候悄无声息，走的时候无可挽留。可是千秋万载我们仍愿为爱情义无反顾，哪怕是饮鸩止渴。

张爱玲与胡兰成的这一段旷世之恋也是如此。许多人都为张爱玲这般精明世故却"栽在"胡兰成手里而感到无限惋惜，其实，遍览张爱玲的一生，或许我们还会微微有些庆幸他们的相遇。至少，当他们在一起的时候，张爱玲是感到快乐和满足的。和有情人做快乐事，不问是劫是缘。对于这段感情，很多人责怪胡兰成的下作。

或者，精明世故只是张爱玲对外界事物防备的一种表象，内心深处她仍然是一个渴望爱、渴望被保护，却自卑、羞怯、敏感的女孩。这段感情中，究竟张爱玲是怎样的想法我们很难得知，她从未坦白地谈论过这段感情，但无论怎样，我们仍能从胡兰成的《民国女子》中感受到恋爱时的张爱玲的快乐与满足。

张、胡之恋中，苏青算是半个媒人。那时，张爱玲常在苏青主办的杂志《天地》上发表文章。一日，偶然间胡兰成看到了张爱玲的小说《封锁》，感觉其文字惊艳，于是写信去问苏青张爱玲的情况。苏青告诉他张爱玲并不见人，但迟疑了一下还是写了地址给他。翌日，他便去登门拜访。张爱玲不在，于是往门洞递了一张纸条，上写"爱玲先生鉴赐：贸然拜访，未蒙允见，亦有傻气的高兴。留沪数日，盼能一叙。胡兰成拜下。"

胡兰成的确很会讨女人喜欢，大多数女子，都会被他这"傻气的高兴"逗笑。次日，张爱玲便打电话过去，并去登门回访胡兰成。

胡兰成是很会说话的人，在客厅里说了五个小时，临走送张到胡同口时，两人并肩走，胡兰成低低地说了一句："你的身材这样高，这怎么可以？"这一说就将两人的距离说近了很多，这也便有了后来那张传世的照片和后面情意绵绵的字："见了他，她变得很低很低，低到尘埃里，但她心里是欢喜的，从尘埃里开出花来。"

自此以后，二人陷入热恋，天天在一起，只是说话。对张爱玲这样性格孤僻的人而言，"一夜就郎宿，通宵语不息"才是最长情的告白。

胡兰成是贪心的人，世上的好事都想占到，世上的美丽女子都想占有。他认识张爱玲时，已经38岁，是有妻室的人，可他并不想放弃任何一方。他的本性想必张爱玲是早有些了解的，不然何以会对他说："我想过，你将来就只是我这里来来去去亦可以。"

说到底，张爱玲是爱胡兰成多一些的，才会这么体谅和不计较。1944年8月，胡兰成的妻子与他离婚，他和24岁的张爱玲结婚，没有举行仪式，只写婚书为定，文曰："胡兰成、张爱玲签订终身，结为夫妇。愿使岁月静好，现世安稳。"现场只有炎樱为媒证。

胡兰成是汪伪政权里的官员。一日傍晚，二人在阳台眺望红尘霭霭的上海，胡兰成说起时局要变，恐他日有难，即使是夫妻亦要大限来时各自飞。说完胡兰成觉得这些话显得薄情，便又说："我必定逃得过，惟头两年里要改姓换名，将来与你虽隔了银河亦必定我得见。"张爱玲道："那时你变姓名，可叫张牵，又或张招，天涯海角有我在牵你招你。"这个时候，他们还是互相爱着对方。

古人用"譬如朝露"来形容生命的短暂和脆弱，但用来形容张、胡之间的爱情也未尝不可，因为他们爱情的寿命比生命短多了。

1944年底，胡兰成到武汉不久，认识了汉阳医院里才17岁的护士小周，两人如胶似漆。胡向她坦白了张爱玲的存在，可是这是坦诚吗？这分明是无赖！此时张爱玲全然不知，依然常常写信倾诉自己的日常生活，依然投入地爱着他。

1945年春，胡兰成回上海又去张爱玲处住了月余。期间并告诉了小周的事，张爱玲的心被刺痛，却只能默默承受。她的自尊心和理智已不允许她

再放弃更多，可是仍有些不甘心。后来胡兰成去温州避难，张、胡二人又有半年时光未曾相见。很少独自出门的张爱玲去了温州，希望胡兰成做一个选择，可是发现这时陪伴在胡兰成身边的已是更为年轻漂亮的范秀美。一次，张爱玲夸范秀美长得漂亮，要给她画像。可张爱玲刚勾出脸庞眉眼，忽然停下笔画不下去了，一脸凄凉的表情。范秀美走后，在胡兰成一再追问下，张爱玲方说："我画着画着，只觉得她的眉眼神情，越来越像你，心里好不震动，一阵难受就再也画不下去了。"不知，胡兰成听后做何感想？

离开温州的时候，天下着蒙蒙细雨。胡兰成送她。张爱玲叹一口气，伤感地说："你到底是不肯。我想过，我倘使不得不离开你，亦不致寻短见，亦不能够再爱别人，我将自是萎谢了。"过了几天，张爱玲寄钱给胡兰成，并写信说："那天船将开时，你回岸上去了，我一人在雨中，撑伞在船舷边，对着滔滔黄浪，伫立涕泣久矣。"张爱玲是真的很委屈，一旦对人动情，总是很难冷起面孔，哪怕是对方背叛。

1947 年 6 月，胡兰成收到了张爱玲的诀别信："我已经不喜欢你了，你是早已经不喜欢我的了。这次的决心，是我经过一年半长时间考虑的。彼惟时以小吉故，不欲增加你的困难。你不要来寻我，即或写信来，我亦是不看的了。"

此时胡兰成已脱离险境，张爱玲寄来分手信，还有自己的 30 万元稿费。二人的感情就此落下帷幕。

胡兰成一直以为自己是爱张爱玲的，其实他只是把张爱玲作为一个战利品想去占有和炫耀；胡兰成一直以为自己是懂张爱玲的，其实他只是懂得张爱玲作为文人的一部分，却忘记了她其实是个女人。这样的相遇是错吗？不是当事人，我们很难判断。真正忘我投入的感情里，是不容那么多理性判断的。无论对错，幸好爱过，幸好快乐过。

1955 年秋，张爱玲远赴美国，认识了信仰共产主义的左派作家赖雅，并与之结婚。赖雅年纪比张爱玲大 30 多岁，但是他们之间生活得很愉快。他多少让张爱玲有些"家"的感觉。再强大的心灵也需要陪伴和慰藉，更何况是一个心灵世界丰富的女子。

太过聪慧的女子，需要的是有更多智慧和才气的男子，对他们而言，未必要求生活上体贴入微，但是精神上一定要能够共鸣。

大概天才注定是孤独的。"也许在途中会出现不同人陪你走上一段路，可最终要你独自走完生命的全程。"1967 年 10 月，赖雅病逝。最后的"家"中，只剩下她一个人。

晚年的张爱玲独自居住，不停地搬家变换住所，不接电话，不开信箱，不见客人，吃简单的食物，白天黑夜都开着电视和电灯，她怕寂寞却又拒绝尘世的一切热闹和烟火。

结语

青春是这个世界上让人动容的词语之一。毛姆在《透过玫瑰色的雾霭回首的青春》中写，"一个人一生必须艰苦跋涉，越过一大片土地贫瘠、地势险峻的原野，方能跨入现实的门槛。说青春是幸福的，这只是一种幻想，是已经失去了青春的人们的一种幻想。"对张爱玲而言，青春也许是没有颜色的，有也只是苍白的沉重的吧。

张爱玲于 1995 年 9 月去世，很难想象我们和她的生命中曾有那么几年的时间是重合的。胡兰成说："这世上但凡关于张爱玲的一个字，一句话都是好的。"是啊，最好的张爱玲以及她的青春已呈现在她的书里。